大霊界　天界道シリーズ②

生と死と神と大霊界

神と共に生きる　貴方の魂の嘆きと苦しみを…

Kumamoto Shojiro

隈本正二郎

はじめに

「生と死と神と大霊界」というタイトルのこの本を手にされたあなた、あなたはいま身体のどこかに痛みや苦しみを感じておられるのでしょうか、それとも心に大きな悩みを抱えておられるのでしょうか、あるいは自力ではとても乗り越えられないと思われる困難に直面しておられるのでしょうか……。いずれにしても、あなたは「神」という文字に惹きつけられたのではありませんか？

キリスト教信者の人たちは、なにか恐ろしいこと、驚くようなことが起こったとき、あるいは、不思議な出来事に出会ったり、身に危険が迫ったりしたとき、よく「オー・マイ・ゴッド！」と口にするようですが、あなたの場合はいかがでしょうか。「ああ、神様！」と心で思わず叫んだことはありませんか。少なくとも一度や二度はきっと「神様、助けてください」と目に見えない神に救いを求めたことがあるはずです。違いますか？

また、あなたは「自分はなんのために生きているのだろう」とか「人生とはいったいなんだろう」とか、そういった想いにとらわれたことも幾度かあるのではありませんか。忙しい毎日のなかでふと立ち止まったとき、「あれ、私ってなに？」と不安になったり、「なんだかとても淋しいな、誰も私のことをわかってくれない」などと孤独感に襲われたりしたこともあるのではありませんか。

人間とは全宇宙で唯一、心と魂を持った尊い存在でありますので、いろいろな事象に直面したときさまざまな想いが心に湧いてくるのは当然のことです。不安感や恐怖感にとらわれることがあるのも当然のことなのです。悩んでいるのはあなた一人ではありません。アメリカの社会学者でリースマンという人が書いた『孤独なる群衆』という書籍があります。一九五〇年（日本語翻訳一九五五年）七十年以上も前に書かれた本ですが、いまでも当時と社会状況は変わっていません。いや、むしろどんどん加速度的にリースマンの危惧した状況は進行しているように思えます。現代は「大衆社会」と言われます。あるいは昭和二十年代前半に生まれた人々を指す「団塊の世代」などという言葉もあるように、大勢の人間が集まって生きているように見えますが、そこに他者とのしっかりとしたつながりはあるでしょうか。

　インターネットを通じて友人や知人、あるいは見も知らぬ人たちと親しく付き合っているといわれるかもしれませんが、それはあくまでもネット上のことであって、現実に他者と相対して付き合うこととは少し違っているのではないでしょうか。さまざまな人たちでにぎわう歩行者天国を例にとってみますと、ぶつかり合うようにしてすれ違う人をお互い一人の人間として意識してはいないはずです。どんな群衆のなかにあっても、私たちは実際のところ一人ひとりが分断された孤独な存在ではないでしょうか。

　そうです。私たちはみな『孤独な個人』なのです。だからこそ故なく不安になったり、恐怖感に襲われたりするのです。では、どうしたらその孤独感から逃れられるのでしょうか。

「オー・マイ・ゴッド！」

「ああ、私の神様！」

そこに信仰が生まれます。どうしようもない現実から救われようとして神にすがるということですね。神や霊は本当に存在するのだろうかと疑問を持っている方もおられると思いますが、ここではっきりと断言しておきましょう。神も霊も私たちと同じように現実にこの大霊界に存在します。大霊界とは、私たちの住む銀河系をはじめとして果てしなく広がる大宇宙、そしてそこにあるあらゆる物質、私たち人間をふくむ生物、私たちの肉体に内在する魂、そして現世を離れて霊界へ赴いた霊たち、霊界で向上し神の世界へ到達した霊（神）たち、あるいは霊界の下方世界へ堕ちて苦しんでいる低級霊たち……、それらすべてを包括する広大無辺な世界、それが「大霊界」と呼ぶ世界なのです。私たちは大霊界に住んでいるのです。

大霊界についての詳しいことは、日神会教祖隈本確の著書やこれまでに出版された私の著書を読んでいただければおわかりいただけることと思いますが、「神と共に生きる」ことによってあなたが未来永劫救われることは間違いありません。どうか皆様、この本を最後までお読みになってください。不安感や恐怖感、あるいは孤独感に打ちひしがれたあなたの心もきっと爽やかに晴れ上がることと思います。

皆様の人生が現世においても来世（霊界）においても、神と共に生きる真実の幸せに満ちたものになりますよう、心からお祈りしております。

令和二年十二月

隈本正二郎（聖二郎）

生と死と神と大霊界

目次

Part 1

なぜ人は神に祈るのか

Part 2

人はどのように生きたらよいのか

Part 5 永遠なる大霊界への旅立ち

Part 1

なぜ人は神に祈るのか

私たちは決して独りぼっちではない

かつてある若い女性にこんな話を聞いたことがあります。そのお方は当時結婚してまだ二、三年というういわば新婚同様の幸せな時期にあったのですが、夫の父親すなわち舅が還暦を迎えるということで、一族が舅の家に集まることになったそうです。舅夫婦、夫の姉夫婦、兄夫婦とそれぞれに二人ずつの小さな孫たち、そして彼女の夫と彼女、計十人程が大きなテーブルに集い、舅を囲んでの賑やかな晩餐であったそうです。

みんながワイワイと楽しく話し合っているなか、彼女がふと気づくと当の舅の姿が見えません。おかしいなと思った彼女がそっと舅の書斎を覗いてみると、六十歳の立派な紳士である舅が独りぽつんと机の前の椅子に座り、「俺の人生はいったいなんだったのだろう」とつぶやいて涙していたのでした。その孤独な姿に彼女ははっと胸を突かれましたが、二男一女の三人の子供たち夫婦と孫たちに囲まれて無事還暦を迎えた彼は、なぜ悲しみに襲われていたのでしょう。

彼は大手企業の専務を務め、その後、関連会社の社長となって数年、いわば人生の成功者と言える存在でした。都心にある大きなマンションに住み、朝には会社のお抱え運転手が車で迎えに来る毎日を送っています。そんな彼がなぜ……。彼はそれまでの人生を振り返り、自分の存在の小ささに涙し、孤独感に打ちひしがれていたのでしょうか。

たしかに人間はそれほど強い生き物ではありません。だからこそ家庭をつくり、集団に所属し、社会を形成して生きているのです。そして、できるだけ助け合い支え合って幸せな人生を送りたいと望み、そのためにこそ頑張って生きようとしているのです。でありながら、人間には時にこのお舅さんのように自分の非力を痛感し、孤独感に打ちのめされることがあります。なぜでしょうか。

私たちは両親から生まれ、育てられ、成人して独立し、結婚すれば夫ができ、妻ができ、そして次世代の子供が生まれます。私たちは普段、決して自分は独りではないと思って日々を送っていますね。しかし、よく考えてみますと、人間は荒涼とした原野を独り歩き続ける孤独な生き物と言えるのではないでしょうか。例えば、可愛い子供が病に冒されたとき、親はきっと「できることなら代わってやりたい」と思うことでしょう。しかし、それは絶対に不可能なことです。両親、夫、妻、兄弟姉妹、子供であっても、当人の病や苦しみを当人に代わって背負うことはできません。思いやったり、慰めたりすることはできても、代わってあげることはできないのです。また、自分をどんなに愛してくれている相手であっても、自分の病や苦しみを自分に代わって背負ってくれることは、仮に相手がどんなに望んだとしても不可能なことなのです。

「人は生まれるときも独り、死ぬときも独り」というように、人間は究極のところただ独りで人生の荒波に立ち向かっていかなくてはなりません。愛する家族も、父母も子も、冷静に本質を見つめてみれば、みな独りで生きているのです。私たちを絶望の淵に立たせる病気や不慮の事故、不本意な出来事、とても越えられそ

結婚
そして子供の誕生は
人生の喜び
可愛い子供が病気に
冒されたときは
親は代わってやりたいと
思っても代わることは
できません
人間はいつも荒涼とした
原野を歩き続ける孤独な
生き物なのです

うにない困難な課題、血を吐くような悲しみや、苦しみ、深々《しんしん》と忍び寄る淋しさ、心を凍らせるような不安感、恐怖感、絶望感――。そうしたことが孤独な私たちの前途に霧のようにたちこめ、嵐のように渦巻いているのです。「一寸先は闇」と言いますが、明日のことが今日わかるわけではありません。なにが起こるかは、わからないのです。それが人生なのです。しかし、そうした不条理に翻弄されても、私たちはその苦難を乗り越えて生きなくてはなりません。生きるということは強大な敵と闘うようなものなのです。

私たちの人生には、行く手を遮る障害がたくさん待ち構えています。現実は厳しいのです。現実は冷たい、現実は淋しい、現実は苦しい。それでも私たちは強く生きていかなくてはなりません。生き続けることが生命体としての使命であり、神の御心に沿うことだからです。神は生き抜こうとする者を守護なさり、生きようと努力する者にお力をお与えくださいます。

そうです。私たちは孤独な存在ではありますが、決して独りぼっちではありません。神がつねに私たちのそばに居てくださっているのです。神の広大無辺な愛に包まれて、神と共に生きていけば救いはすぐそこにあるのです。

「死んではならぬ」「生きよ」と神は言われる。神は「我にすがりて生きよ！」と言われる。その神の声は真摯に生きようとしている人間には届いているはずなのです。過酷で孤独な現世を生き抜くにはどうしたらよいのか——。絶対のお力を持たれる「神」にすがることです。神を慕い、神を愛し、神に祈り、神のお力にすがって強く生き抜くこと、それが神の御心に沿うことであり、神はそうした意思を持つ人間を大きな愛の御心で救ってくださるのです。絶対の孤独に耐えなくてはいけない私たち人間は、神への信仰なくしては生きられません。神など不要だなどという人は傲慢不遜、真理に背を向けた人と言うしかありません。

日本神霊学研究会（日神会）が信奉する「神」とは、大霊界のすべての生命体の守護神、日神会の守護神、すなわち聖地恩祖主本尊大神、お呼び名『聖《ひじり》の神』であられます。日神会の教祖隈本確の御魂（御真体）はすでに天界神聖界天界楼に上られ、現在では神主《しんしゅ》聖師教である私、隈本聖二郎の「二神一体の業」によって『聖の神』と合体され、天地創造「素の神」をも超える強大な御力を有される新しい偉大なる神霊『聖なる御魂』となられています。そしてさらなる向上を目指して、さまざまな高き神々との合体の行を続けておられるのです。ですから私たちはその大霊界最強の神を『聖なる御魂』とお呼びすべきところですが、本書では以前からのお呼び名である『聖の神』と表記させていただくことにいたします。さて――。『聖の神』を信奉すること。『聖の神』にすがること。なによりも世俗の雑念を払いのけ、妄想を捨て、ただただ救われることを願って一心不乱に神に祈ること。『聖の神』への信仰は、神を想い、神に祈る、そのことに尽きます。その信仰によって私たちには生きる勇気が湧き、清々しい気力が体内にみなぎってくるはずです。

本書を読まれているあなたも、神の縁《えにし》によって『聖の神』に導かれた人です。ぜひ日神会の長崎・東京両聖地に参拝され、聖地に満ちあふれる神のエネルギーにふれてみてください。そして神のお力を頂く「天界道儀式」を受けてみてください。日神会では皆様が来会なされることを「お里帰り」と呼んでおります。何度でもお里帰りをなされ、神の御命、エネルギー、英知、愛の御心を頂き、救い

日本神霊学研究会の「神」は『聖の神』
聖
あなたは独りぽっちではない！
『聖の神』は「我にすがりて生きよ！」と言われる

の道を実感なさって、新しい人生に開眼していただきたいと思います。繰り返し断言しておきましょう。私たちは決して独りぼっちではありません。『聖の神』がいらっしゃいます。真の幸福と人生の安らぎは、『聖の神』に祈ることによって得られるのです。

充実した人生とは天界神聖界に向かう修行の道である

私たちが住むこの銀河系宇宙、他の多くの宇宙、また霊界、天界神聖界、あるいは地獄界等々、すべての世界をふくむ大霊界の時間は過去、現在、そして未来永劫を貫くものであり、限りのない世界です。言い換えれば大霊界には時間というものがありません。距離もありません。人智では計り知れない広大無辺の世界が広がっている大霊界。その大霊界の隅から隅まで、偉大なる神や霊たちは一瞬にして移動することができるのです。大霊界には時間も距離もないというのはそういうことなのです。

そうした大霊界から見れば、たかだか百年足らずの私たちの生涯など、ほんの一瞬の出来事に過ぎません。広大無辺の大霊界にあっては、私たち人間の存在など太平洋に浮かぶほんの一枚の葉っぱのようなものです。それほど小さな存在である私たち。線香花火よりも儚い私たちの人生。そのなかで人は苦悩し、嘆き、嫉妬し、恨み、呪い、怒り、病にのたうち、ついには花火のように消えていく。想えば想うほどに哀れなものです。

もちろん人生には苦しみや悲しみばかりがあるわけではありません。例えば、大学に進学できた、優良企業に就職できた、素晴らしい恋人ができて結婚した、可愛い子供が生まれた、会社で昇進した、お金が貯まった、念願のマイホームが持てた等々、幸せを感じることも多々あることでしょう。しかし、なかにはこうした小さな幸せや安らぎとさえ無縁に人生を終わる人もいます。大学で留年した、失業した、恋人に捨てられた、離婚した、子供が引きこもりになり、不登校になった、非行に走るようになった、難病にかかり寝たきりになった、貧困のなかで孤独死をした……。このように苦しみ、嘆き、絶望に胸をさいなまれ、涙の渇く間もないまま人生の幕を閉じる人もいることでしょう。

ほんの一瞬の瞬きのような短い現世の出来事に一喜一憂し、線香花火のように燃え尽きる人生。私たちはその一生からなにを得ようというのでしょう。しっかりと悔いなく生きたと、果たして何人の人が胸を張って言えるのでしょうか。気がついてみると年老いており、たしかな人生を送ったという足跡さえも残さずに現世の命を終える……。ひょっとしたら、大半の人がこうした人生を送ってしまうのではないでしょうか。ですから、自分を振り返ることができる智恵に恵まれた人や誠実な人、意義のある人生を送りたいと切望する人たちは、「人生とはなにか」について真剣に思い悩むのです。

ここで皆様に知っておいていただきたいのは、人生とはたかだか百年足らずの現世に限られたものではないということです。人間には肉体のなかに心があり、その心のなかで育まれている命の核（魂）というものがあります。この「魂」はたとえ肉体が死を迎えても、物質と化した肉体から離れて霊界で永遠に生き続ける存在なのです。人間は未来永劫生かされているということに気づいてください。

人間の魂は永遠の大霊界につながる霊的生命体なのです。この世は現（うつし）世と言われますが、現世とは写し（うつし）世であって仮の世に過ぎません。あの世（霊界）こそが永遠であり、未来永劫につながっているのです。肉体は儚《はかな》く、魂は永遠なのです。このことを皆様はしっかりと心に刻んでおいてください。

永遠の霊界に赴いた魂は、霊界のどのような場所に行きつくのか……。なにもわからず、なにも知らずにさ迷い続けて下方霊界に堕ち、地獄界に堕ち、そして苦しみのなかで現世の人間にすがってくる低級な霊となるのか、あるいは向上の道を進んで霊界最高の天界神聖界にまで至るのか。これはすべて現世にあるときの当人の生き方、心のあり方にかかっています。このこともしっかりと心に刻んで、清らかで誠実な心、神に祈る真心を持って毎日を送っていただきたいと祈っております。

「肉体は魂の衣である」とはよく譬えられる言葉ですが、この世は現（うつし）世であり、肉体の衣をまとった魂の修行の場なのです。この修行の場は人間誰にでも平等に与えられています。襲い来る苦難、悲嘆、病苦、喜び……、良しも悪しも、これらすべてが魂の修行なのです。したがって私たちは肉体が消滅するその日まで修行し、霊界に至って魂が平安を得て天界神聖界にまで向上していけるよう、神に対し心からの祈りの生活を送らなければなりません。

肉体は必ず滅び死を迎えます。形あるものはいつかは形を失います。死を迎えのりこえた肉体は、ついには自然界の土へと還ります。人類が現在その繁栄を誇っているかの如き地球もやがては終焉を迎える時がくるでしょう。しかし大霊界は永遠です。霊体となった私たちの魂は、霊界で生前と同じような祈りの修行を重ねることで、やがては天界神聖界に至り、大霊界を創造なされた天地創造「素の神」の御許で、天界神として平和と安らぎの生活を得ることができるのです。

私たちの魂は生前の心の修行、霊界での魂としての修行によって、いずれは神ともなり得る存在なのです。だからこそ、私たちは心の管理をしっかりと行い、神への祈りを怠ることなく、神の御心を頂いて人としての成長、翻って自らの魂の向上を目指さなくてはなりません。心の修行を積み重ねて、将来は魂のみの存在である霊体となって天界神聖界へ昇る――。この目標を持って生きることこそ、

日神会の「修行」は『聖の神』への祈り
聖
御命とエネルギーのお授けを
お願いしま～す
英知と御心を下さい
お願いしま～す
聖
毎日の生活の中で祈り
常に神と共に
生活することです
ニャ

私たちが現世の苦しみ、悲しみを乗り切る希望であり、現世を生きる喜びでなければなりません。神への道を祈りによって昇っていく、それこそが心充実した人生を送るということになるのです。

修行といっても、日神会の場合は、かつての行者や聖人、修行僧のように肉体を酷使して悟りを得るというものではありません。ただただ『聖の神』を想い、そして神が有される御命、エネルギー、英知、御心を「お願いしま～す」とひたすら祈って頂いていく。毎日の生活のなかでつねに『聖の神』を愛し、つねに『聖の神』とご一緒にあるのだという想いを胸に秘めて、祈りの生活を送ること。そして、のちに述べるような正しい心のあり方に気を配り、人間にできる健康管理は人間自身で行なうこと。これもまた、当人でなければできないことです。他人に代わってもらうことはできません。

たしかに日神会では人様の霊の障りを解消する「聖の神の御技」も会員の方に指導していますが、これはあくまでも心身に表れる痛み苦しみの解消にしか過ぎません。当人が真に救われるためには、当人が心の底からの祈りを『聖の神』に捧げて、命の限りすがり切るという姿勢で『聖の神』を愛し、心深く想う日々を送る以外に修行の方法はないのです。

神を愛するとはめっそうもないもったいないと思われるかもしれませんが、「人は神の子」と言われるように「神」は私たち人間の「親様」なのです。現に日神会の会員、信者の方々は『聖の神』を『聖の親様』あるいは『聖の親さん』と呼んで敬愛しておられるのです。ですから、親が子を愛するように、子も親を愛するのは当然のことではないでしょうか。神を崇めるあまりに遠ざけてしまってはいけません。もっとも愛おしむ対象として信じ切り、祈り切っていただきたいものです。それが向上へとつながる道なのですから――。

人間は弱い存在であるからこそ神にすがり、神に祈る

前項で述べたように私たち人間は小さくて弱い存在です。そして、人間も動物ですから時に野獣のような想念を持つこともあるでしょうし、憎しみや妬み、恨

みや呪いなどという悪意につながる想いに自ら苦しめられることもあるでしょう。また、極度な落ち込みや暗く沈んだ心も決して良い想念とは言えませんが、小さく弱い人間はちょっとした災難に遭っても、小さな壁にぶつかってもすぐに心を落とし、希望をなくし、絶望感にとらわれてしまいがちです。さらに、憎しみが高じて殺意を持ったり、実際に罪を犯してしまったり、殺人などの悪魔のような行為に走ってしまう人もあります。こうした出来事のすべては、その人の心の弱さからくるのでしょうか、それとも低級霊や悪霊に取り憑かれてしまったからでしょうか。

いずれにしても、私たち人間には神のように清らかな愛に満ちた心と、動物のように自分勝手な心、人を陥れたり、人の災難を喜んだりというような悪魔の心が混在していることはたしかです。人間とはなんと哀しい存在なのでしょう。

「セチュアンの善人」という戯曲があります。ドイツ生まれのブレヒトという作家が書いたものですが、中国のセチュアンという町にとても心優しい女性の商人がいるところから話は始まります。彼女は小さな店を経営しながら、貧困に苦しむ親族や知人を養い、まわりの人たちにも「善い人」として慕われています。ところが彼女には無慈悲に貧乏人を苛める従兄がいて、時々彼女の店を訪れては貧しい人たちを追い払おうとするのでした。彼女のように善行を施してばかりいたら損をするだけだと言うのです。従兄は貧しい親族にも知人にも、また近所の人たちにも「怖い従兄さんが来た」と言って恐れられているのです。要するに彼女は「善人」であり、従兄は「悪人」ということになります。

さて、彼女のようにしていたら店は、そしてみんなの生活は成り立つのでしょうか。この戯曲にはじつはどんでん返しがあって、貧乏人には優しくするな、商売は厳しくしろという従兄は本当のところ彼女自身であり、時々男装をして現れては人々にひどい仕打ちをしていたのでした。彼女は貧者を救いたいという願いと、そのためには金銭や物資が必要だという現実とのあいだで悩み続け、怖い従兄という架空の人格を演じていたのです。あるとき彼女の前に三体の神が現われ、彼女はその神に訴えます。私はどうしたらよいのでしょうか？　と――。つまり、善の心ばかりでは厳しい現世は生きていけないと嘆くのです。

この戯曲は、一人で「善人」と「悪人」の二人の人間を使い分けている女性の嘆きを通じて、現実の厳しさと「善」だけでは生きていけない俗世の不条理を訴えているわけですが、このように極端ではないにしろ、私たちの心はつねに善から悪へ、悪から善へと精神世界という大海原の中で揺れ動いているのです。この世のなかで「私は悪人ではない」ときっぱり言い切れる人はいったい何人位いるでしょうか。

そうしたことに想いを馳せてみますと、日神会でも、善の心を育て、悪の心を捨てなさいと説いていますが、自分の心をつねに省みる習慣をつけていれば、ふと悪の心を持ってしまったときすぐに反省し、『聖の神』に、そして自らの魂にお詫びをし、例えば「申し訳ございません。私は今日友達に暴言を吐いてしまいました。どうかお許しください。お願いします」「先ほど私は自分の不機嫌から子供に理不尽な叱り方をしてしまいました。申し訳ございません。どうかお許しください。お願いします」「私は今日会社で上役に叱られ、つい反発してその人に対する憎しみを感じてしまいました。申し訳ございません。どうかお許しください。お願いします」などと祈ることができます。そうしたときは、日常的に行っている祈りよりも、さらに強く深い想いを込めた祈りになっているのではないでしょうか。強く反省して神の許しを乞うところに、深い祈りがあり、大きな救いと向上が得られるのではないでしょうか。

人間は小さく弱く、時に悪心も抱いてしまう弱い存在であるからこそ、神にすがり、神に祈るのです。「セチュアンの善人」という戯曲の話をしたのも、このことを皆様にわかっていただきたかったからなのです。

日神会には、仏教やキリスト教、あるいはイスラム教などのように膨大な教典があるわけではありません。教祖である隈本確の著書『大霊界』シリーズにある大霊界の理論、摂理、つまり「神理」がわかりにくいと言われる方がおられるとしても、それはなんら信仰の妨げにはなりません。日神会の教えは難解な理論ではなく、神のお力を実感することなのです。偉大なる神のお力を、身をもって体験すればよいのです。痛みがあればその痛みをやわらげ、苦しみがあればその苦しみを除き、悲しみがあればその悲しみを癒し、絶望している者があれば手を差し伸べるというのが日神会の神理なのです。『聖の神』の教えは頭の知恵で「理解」するのではなく、あなたの心（精神世界）で「実感」するものなのです。

日神会の基本となる宗教活動は天界道儀式（浄霊）と最高の神の御心の伝奏です。天界道儀式によって心身の痛み苦しみを解消して差し上げることで、神のお力をはっきりと実感していただけるからです。日神会の天界道儀式によって病の苦しみがやわらぎ、病苦から逃れられた人はいったい何万人おられることでしょう。そして悩める皆様のお心へ、神の御心を伝奏、つまり言葉でお伝えし暗く落ちこんだお心へ神の光をともし、お心を切り替えて頂く事で数え切れないほどの人々が救われ、多くの人が『聖の神』の会員となられて今日に至っているのです。

日神会にも天界道儀式によってなぜ霊障が解け、痛み苦しみが解消されるのかという大霊界の理論、神の理はあります。しかし、例えば強力な効果を発揮する薬についての医学的な知識がなくても、現実に薬の効果は得られるように、大霊界の神理を頭で理解していなくても『聖の神』のお力は頂けるのです。いえ、神のお力は頭ではなく心で頂くものですから、むしろ理論、理屈は邪魔になるだけかもしれません。そうです。理論理屈は不要なのです。『聖の神』を信奉する者に必要なのは、ただただ命がけの想いで「お願いしま〜す」と祈り、すべてを神に委ねてすがり切ることだけなのです。

日神会の悲願は魂の浄化、救済である

日神会を訪れる人たちのほとんどは、ご自身の病気、痛み苦しみを解消してほしいと願って参拝されます。そして天界道儀式を受けられることによって病苦から解放され、心身ともに爽やかになってお帰りになります。日神会としてもそれは大変嬉しいことではありますが、天界道儀式によって救われるのは、じつはご当人の心身だけではありません。天界道儀式では痛み苦しみの解消と同時に、その方の魂に向上していただくために最高の神のエネルギー（お力）をお与えさせ

ていただいております。

人間の肉体生命はたかだか百年足らずですが、肉体の死後、その方の魂は霊界で永遠に生き続けるのです。その魂が下方霊界をさ迷う霊となってしまったら、いったいどうなるのでしょう。日神会の天界道儀式では、第一に「その方に関係する先祖神霊、諸霊の救済」を行なっております。つまりは、霊界で向上できずに苦しんでいる先祖の霊が子孫にすがりつき、憑依して（取り憑いて）霊障をもたらす場合も多いということなのです。したがって、私たちは子々孫々に禍をもたらすことのないよう、生前から魂を浄化し、魂の向上に努めなくてはならないのです。

ここである方のお話を記してみましょう。ずいぶん前のことですが、『大霊界』の書物を読まれ、「私は生まれつき体が弱いので……」といって長崎聖地（当時の長崎道場）に来会された五十代の男性の事例です。この方の父親は事業に成功し、息子である当人は苦労知らずに育ち、二十代半ばからは父親の会社の社外重役として出勤もせずに高給を得ていたそうです。しかし「暮らしには困りませんでしたが、病の床に臥《ふ》す日が多く、一日として清々しい朝を迎えたことがありませんでした」とその方は告白されました。

名医といわれる医師を求めて日本中を回り、金に糸目を付けずいろいろな方法を試み、最先端の医療機器による検査も何度も受けたとのことですが、原因はわからず、病名もつけられないという状態で、結局は神経症という診立てに落ち着いたそうですが、本人はどうも釈然としなかったとのこと。

「この苦しみから逃れることができるなら、私の財産の半分を差し上げても悔いはありません」とその方は弱々しく笑って言われました。八十六歳で亡くなられた父親の遺産は百億に近いものだったそうですから、母と妹と三人で相続し高額な財産を手にしたわけですが、その財力をもってしても彼の苦痛は取り除けなかったのです。財産の半分を提供してもいいという彼の想いはもっともであり、痛切なものであったに違いありません。

当時、日神会では教祖が霊視ということを行っていました。憑依している霊の正体を神霊能力によって突き止めるのです。霊視を行なったところ、その五十代の男性には先祖の霊が憑いていました。数百年前の先祖が戦いで無残な死を遂げ、遺体は戦場に放置され、野ざらし雨ざらしのまま骨になってしまったのでした。その死者の霊は天界神聖界へ上がれずに地縛霊となり、子孫への取り憑きを繰り返していたのです。本来であれば子孫を守護しなければいけない先祖霊でありながら、子孫に憑依することで自分の無念を訴えていたのです。

よく話を聞いてみると、その方の父親も事業では成功したものの、原因不明の失神、癲癇《てんかん》のような発作で何度も倒れ苦しんでいたとのことでした。しかし、精密検査を受けても癲癇という診断は下されませんでした。発作は年に二回ほどだったので会社の運営に支障はきたさなかったものの、七十歳を過ぎてからは甲状腺機能が悪くなりで寝込んでいたそうです。甲状腺異常という診断を家族は信じていなかったそうですが、本人は亡くなるまで薬漬けの毎日だったそうです。この父親の場合も明らかに先祖霊の憑依現象であり、また亡くなったあと、その魂も天界神聖界に向かうことなく霊界をさ迷っていたようでした。

当時はまだ天界神聖界へ通じる尊い道「天界道」は創造されておらず、亡き御魂を救済するには初代会長隈本確が天界上げの儀式を行うしかありませんでした。そこで男性ご本人には浄霊（現在の天界道儀式）を行い、亡き父親には天界上げの儀式が施されました。その男性は横浜の方でしたので、以後は東京聖地（当時の東京道場）へ一週間おきに来会していただき、そのたびに浄霊の儀式を受けていただきました。そうして二ヵ月間、五回の浄霊儀式で先祖霊は浄化、救済され、憑依を解かれた男性は見事に健康を手に入れられたのです。また亡き父親の御魂も天界神聖界へ入られました。

なぜこのお話を述べたかといいますと、自分の魂を救済することは自分のためだけではなく、子々孫々のため、親族、一族のためにもなるのだということをわかっていただきたかったからです。

広大無辺の大霊界には神霊ばかりでなく、さ迷える霊、飢餓の霊、怨念の霊、邪悪な霊、低級霊がうようよしています。自らの魂もなんらかの理由でさ迷える霊にならないとも限りません。そうならないためにも、現世において自らの魂を浄化しておくことが大切になります。

日神会の悲願をひと言でいうならば、すべての人々の魂の浄化、救済ということです。すべての人々に実在する超神霊『聖の神』の存在を知っていただき、『聖の神』を信奉してそのお力を頂くことで、現世において魂の向上を図り、肉体消滅後、御魂だけの存在となったあかつきには、速やかにこの広大無辺の大霊界を創造なされた天地創造「素の神」の御許、そして新しく生誕された「聖なる御魂（親様）」の御許、すなわち天界神聖界に赴いて平和で穏やかな霊界での生活を送っていただきたいということなのです。

「真理」から「神理」へ──

「真理」という言葉を辞書で調べると、「ほんとうのこと、まことの道理」（広辞苑）とあります。平たく言えば「真理」とは人間の生きるべき規範であり、正しい人生の道筋のことでありましょう。そしてまた、真理は神の御心に沿った清浄な生き方と言えるかもしれません。すなわち、真理を踏み外した生き方は、神の好まざるものと言ってよいでしょう。「真（まことのこと）、善（よきこと）、美（美しいこと）」は、神がもっとも好まれる人間界の理想の状態です。

人間界において「真」を求めようとするのが哲学であり、「善」を追求するのが倫理学であり、「美」を追い求めるのが芸術であるとは一般的に言われていることですが、哲学が究めようとする「真理」といっても、決して難しいことではありません。正しい生き方の道理が真理なのです。調和して生きる。健康に生きる。真っ直ぐに生きる。平和に生きる。それが真理です。

さらにくだけて言えば、みんなと仲良く生きる、病気のない健全な心身を保つ、悪事とは無縁に生きる、戦争のない世界を目指す。それが真理です。

愛のある暮らし。助け合う生活。罪悪を自覚し、これを告白し悔い改める行為、懺悔と許しの日々。それが真理です。

病苦も犯罪も憎悪も嫉妬も呪いもない世界。それが真理です。

汚れなき空。美しい山河。争いのない世界。それが真理です。

しかし、現実の社会を見てみると、地獄絵さながらの悲惨な事件の多発、難病・

奇病の増加、化学物質や毒物に汚染された空や海、無慈悲な開発などで傷だらけの地球、随所に頻発している戦争、自分のことしか考えない利己的な人々が我が物顔に闊歩する街……。この状況はまさに真理とは程遠いものでありましょう。「疑・悪・醜」の混沌とした世界となってしまっています。

救いなき現世。迷い多き現世。

——この社会を救えるのはいかなる力でしょうか。

この社会を救えるのは「神の力」のみです。

「真理」を求めようとするのが哲学であると記しましたが、「真理」は人間の知恵によって掘り下げられた人間社会の究極の理想論です。「真理」を生み出した哲学が人知によって「神」に近づこうとする崇高な理論であることはたしかですが、しょせんは人間の限界を超えるものではありません。神の御心には程遠いものと言ってよいでしょう。神の描かれる理想郷、すなわち「神理」には遠く及びません。

では「神理」とはなんでしょう。

私たちの住む宇宙をも包括した「大霊界」の法則です。

地球が自転し太陽のまわりを公転するのも神理です。したがって春夏秋冬の季節が巡るのも神理です。

人間が誕生し、やがては寿命が尽き、死という終わりを迎えるのも神理です。人体が細胞によって構成され、血液が体内を循環して生命をつなぎ、脳によって行動や判断のコントロールを行っているのも神理です。人間は自己の意志で生きているのではなく、神の御心によって生かされているというのは、まさに神理の法則に従って生かされているということなのです。

ここで述べておきたいのは、日神会の天界道儀式が絶大な力を発揮できるのは、人体の造形に神の意志が関わっているからであるということです。人体の営みが狂い歪み、病気が発生するのも神理であるからこそ、神の御力を頂く日神会の天界道儀式が有効となるのです。神理によってもたらされた現象は、神理によってのみ解決が可能となるのです。

神理には人知では計り知れない意志があります。健康も病気も神の御心《みこころ》です。その神の意志（御心）に直接働きかけて病気を解消するのが日神会の天界道儀式なのです。神理は神の御心（意志）ですから、神に心で働きかけてさまざまな現象を変えていただくこともできます。その強い心の働きかけというのが「祈り」なのです。

「真理」は人間の英知が「神理」に近づこうとして生み出したものではありません。しかし、人類は究極の理想である「真理」を説きながら、一方では空や海を汚し、地球を傷つけ、憎悪や怨念をまき散らしています。真理に背を向けているのは人間自身なのです。真理に背くことは神を欺くことに等しく、それは人間にとって罪深いことなのです。そのことに私たち人間はいまこそ気づかなくてはなりません。

魂の救済こそが荒廃した現代人の再生の道

偉大な宗教家といわれているキリストも釈迦も、この世には終わりがあるということを示唆しています。人間界に永遠の安楽はなく、人々はいつの日かこの世の終わりに直面しなければならないと教えています。仏教では世の終わりを「末《まっ》法《ぽう》」と言いますが、末法とは、修行して悟る者もいない仏の世の終わりということです。キリスト教や仏教に限らず、いろいろな宗教がこの世の終わりは凄惨であり、悲惨であることを暗示しているようです。

さて、現代社会に目を移せば、まさに末法の世界を思わせるような、荒んで汚れきった生き方をしている人が多々見受けられるようです。誰もが一度は見たことがあると思われる地獄絵は、宗教的な寓話《ぐうわ》に基づいて描かれたあの世の亡者の阿《あ》鼻《び》叫《きょう》喚《かん》の姿ですが、現実の世界に繰り広げられている地獄絵は寓話ではなく、実際にこの世に生々しく起こっていることなのです。この世の地獄は寓話でもなければ宗教画でもありません。現実の地獄世界なのです。

親子の断絶、家庭内暴力、経済の衰退と混乱、荒れ果てた教育現場、渦巻く人間不信、原因不明とされる新しい病苦の蔓延、人体を滅ぼす薬物の横行、殺人や強盗などの凶悪犯罪、あるいは人間の善意を翻弄する詐欺犯罪の多発。また、さまざまな国における内乱、闘争、国家間の不信、憎悪、そして戦争、血で血を洗う戦場での殺戮行為……。

救いなき凄惨さ、戦慄、恐怖……、これが地獄絵でなくてなんでありましょう。人々はなぜこの世の終わりに向かって、なだれ込むように突き進んでいくのでしょう。

答えは一つ――。神理、すなわち大霊界の法則を無視しているからです。

大霊界の法則、それは神の御心、神の教えです。大霊界の法則とは、人間が踏み外してはならない「神の道」です。現代社会の地獄絵は、人々が「神の道」をないがしろにして生きているための混沌の姿なのです。

人々の魂の荒廃には眼にあまるものがあります。生きとし生けるものすべての魂の荒廃は、あの世、すなわち霊界での霊魂の荒廃につながることを、私たちは理解していなければなりません。荒んだ心、神を信じない心を持ったまま霊界に向かった霊魂は、霊界の荒野をさ迷う低級霊となり、また地獄霊となって現世の人間に憑依し、人心をさらに荒廃させていきます。「誰でもいいから殺せ」などという恐ろしい誘導をする悪霊さえ存在するのです。恐るべき悪霊たちが跳梁跋扈《ちょうりょうばっこ》

キリストも
予言した
この世の終わり
仏教では世の終わりは
末法の世になると教えている
天災
戦争やテロ
強盗・殺人
放火

して、人間界に対する悪しき波動の攻撃を日ごとに強めていることも事実なのです。

いまこそ、地球にひしめき合っている何十億という荒廃した魂を救済しなければなりません。荒廃した魂を浄化、救済し、「聖の道」へと導かなくてはなりません。これが日神会の使命なのです。

現世で悪行を繰り返す人間の魂を浄化し、霊界で苦悩する霊魂を浄化、救済しなければなりません。すなわち、この世の魂を救済することで、あの世の魂の向上を図るということです。霊界における魂の霊格が向上し、霊界での魂が浄化されることによって人間界の営みが真理に近づき、さらには神理に近づいて、この世は神の好まれる「真・善・美」に満たされた聖浄なる世界に生まれ変わるのです。

先祖供養は大霊界の法則の基本と考えてよいでしょう。先祖供養とは自己の魂の浄化によって先祖霊の霊格を向上させることです。先祖を敬慕するという想いは人間自然の心であり、ひとつの家族愛でしょう。それはそれで美しい心のありようですが、単に先祖を偲ぶだけでは大霊界の法則に適っていません。真の先祖

荒廃した霊魂はどうなるのでしょうか
金や金や
酒だ酒だ
神を信じない荒廃した魂が霊界に行くと
低級霊となって地獄の苦しみを味わい続ける
低級霊になった霊魂は現世の人間界で憑依しているのです
誰でもいいから
殺せ～殺せ～ェ

供養は、『聖の神』の御力によって自己の魂の向上を図り、その結果、霊界にある先祖霊の霊格を向上させることなのです。そのことによって自分自身の幸せや平安が得られるのです。あの世の霊の平安が、この世の人間の幸せにつながるのです。

結局のところ、大霊界の法則の基本は、現世に生きる人間自身が自分の魂を浄化するということに尽きます。死者の霊を弔いたいのであれば、まず自分の魂を浄化することです。それが霊的生命体の存在の肯定であり、厳粛な霊的生活の基本です。神がもっとも嫌われるのは「霊的生命体の否定」です。このことを皆様はぜひ知っておいてください。

また、これは皆様も充分にご理解くださっていることと思いますが、あの世の霊魂が救いを求めようとする場合、人間に憑依して訴えるしか道はないのです。波長の合う人間、現世にあるときに深い関わりを持った人間、霊媒体質の人などに憑依して霊は自分の苦境を訴えます。霊の憑依はある意味、迷える霊の血を吐くような叫びであり苦悶の表れなのです。

苦悶する霊、迷える霊は、すなわち霊格の低い低級霊や悪霊、邪霊の類ですから、憑依された人間は憑依霊と同じように苦しみ、健康を害したり、異常な行動をとったりします。このように霊の憑依をうけている人が大多数を占めてしまうと、陰湿で希望のない社会が出現するのは当然のことでしょう。恐ろしいことにそれが、日本のみならず世界全土に広がっているのが今の世です。

世界に渦巻く人間不信、現代病の多発、異常行動、悪魔的犯罪……、それを大霊界の法則に当てはめれば、霊によって人間界にもたらされた超異常な霊現象です。

ここでしっかりと認識していただきたいのは、邪悪な霊を多数生み出したのは人間自身であるということです。超異常な霊現象は、大霊界の法則を逸脱した人間がもたらしたものなのです。

私たちは悔い改めなくてはなりません。そして最高の神の御力、すなわち『聖の神』のお力をひたすら頂いて自らの心身と魂の浄化に努めなくてはなりません。『聖の神』の御力によって私たち一人ひとりの魂が浄化され、憑依霊が歓喜すれば、人類社会に変化が起こります。

変わる……変わる……すべてがすてきに変わる。あなたが変わる。あなたの家庭が変わる。あなたの町が変わる。あなたの国が変わる。そして世界が変わり、私たちの地球が変わる。宇宙が変わる。そして、大霊界のきらめくような糸金《いとがね》の光が生きとし生ける者を救い上げるのです。

偉大なる神の奇跡はひたすら祈ることによって頂ける

前項で述べたように、自分自身の魂の救済は現代人の急務です。この世で自らの魂を救済できなくて、どうしてあの世で魂の平安が得られるでしょう。あなたもすぐに魂の浄化を図らなくてはなりません。日本を、世界を、ひいては地球を救うためには、まず一人ひとりが自分の魂の救済に全身全霊で取り組まなくてはなりません。日神会の天界道儀式による浄化、浄霊によって自らの魂を救済し、あの世の霊たちの痛恨の想いを消してあげることこそが大切なのです。

鎮魂というのは自分の魂の救済を完成させることによって、あの世の霊たちの無念の想いを鎮めてあげることです。いま現世を生きるすべての人々に求められているのは、あの世でさ迷っている霊たちの鎮魂なのです。何度も繰り返しますが、そのためにはまず自らの魂を浄化し、自らの魂を救わなくてはなりません。自分の魂の救済と同時に、あの世の霊魂が救済されてはじめて完全なる救いが得られるということです。

霊の障りによって重い病の床に臥せっていたとしましょう。さ迷える霊の取り憑きによって難病を背負ったとしましょう。霊の憑依による病は、その霊を救済する浄霊によってしか快復しません。どのような医術によっても、医学の力を結集した薬によっても、霊障による病が癒えることはないのです。たしかに、手術や放射線治療、あるいは薬の効果によって一時的に小康を得たように見えることはあります。しかし、それは対症療法によって一時的に苦しみが治まったに過ぎません。単に症状が軽減しただけで、病気が根治されたわけではないのです。いずれ病苦は再び襲ってくるでしょう。

霊障の病根は憑依霊であり、浄霊が果たされない限り完治したことにはなりません。憑依霊をそのままにして治療を繰り返しても、いずれは再発します。霊の怨念が病という形で肉体に現われているのですから、霊の無念の想いを鎮めなくては病気が快復することはないのです。

病気だけではありません。生活の不如意、貧苦、運命の激変等々、目に見えない力によって突き落とされた不幸のどん底……。それが霊の憑依によるものであれば、浄霊によって人生を改善するしかありません。どんなに優れた庇護者が現われても、どんなに救いの手を差し伸べる人が現われても、不幸の根源が霊障によるものであれば、取り憑いた霊を浄化、救済して憑依を解かない限り健全な生活は戻ってこないのです。

浄霊がなされたということは、当人の痛み苦しみが消滅し、当人の魂が浄化されたというばかりでなく、憑依していた霊の怨念を鎮め、その霊格の向上が果たされたということなのです。浄霊が成功したということは、霊に永遠の安らぎが約束されたということでもあります。天界道儀式すなわち浄霊を受けることで、さ迷い苦しんでいた霊魂に霊界での安楽がもたらされたのです。

また、奇跡の浄霊は霊障による病苦の解消ばかりでなく、憑依霊とは無関係な病気の症状をも改善します。それは極めて当然なことでしょう。神の御力は偉大なものです。神の救いのエネルギーは、科学の力でもなく物理的なパワーでもありません。この世のあらゆる科学的理論も哲学も超えた強大な力なのです。

神がこの世を変えようと決然とした意志を示されるとき、そこに奇跡が起こります。神の現実変革のエネルギーは人知では計り知ることなどできません。神によって授けられる霊験は、霊障や病気などという個人的な小さな現象を正すだけではありません。大宇宙、大自然の変革にさえ神は御力をお示しになります。

このような神の強い意志にすがり、自分の人生を改善しようとするのが信仰です。神という絶対の御力に「どうか、この困難を救ってください」と、ただひたすら祈り切るのが信仰です。そして、純粋無垢な信仰心もまた奇跡を顕すことがあります。すなわち激しく強い信仰心は神の御心に火を点すのです。心の底から命がけで祈る心が神の御心を動かし、奇跡をもたらすのです。

日神会では幾度となくこうした奇跡を目の当たりにしてきました。深い深い心の底の底からの祈りの力で神の御心を動かしたのです。浄霊は霊障を解くばかりでなく、神の御心に働きかけて現実を変革するところにもその目的はあるのです。

いまからでも遅くはありません。病に苦しむ方々ばかりでなく、迷い悩む心を抱えた方々も、篤い信仰心に支えられた祈りの力で『聖の神』にすがり切り、偉大なる神の奇跡を頂戴していただきたいものです。

霊主体従の「神理」は永遠に不変である

この世もあの世もすべては大霊界の法則に組み込まれています。大霊界の法則すなわち「神理」であることはすでに述べました。「真理」は人間の知恵が生み出した規範ですから、ときには人間が自らの手でそれまでの真理を乗り越え、新たな真理を打ち立てることもあります。しかし「神理」はどのような革命児によっても変えることはできません。「神理」は未来永劫不変なのです。

他の宗教にあっては、人間が生み出した救いの哲学に基づくものであるために、場合によっては新しい人間の手でその時代に則して教義が微妙に変えられることもあるかもしれません。現に、いろいろな宗派に分かれている宗教もあれば、当初の教えだけが尊いとする「原理主義」を名乗る一派が他の派と分裂している宗教も存在するのです。

しかし、『聖の神』の教えは未来永劫変わることはありません。大霊界の法則は時代の流れで変わったり、社会背景で変わったりはしません。なぜなら『聖の神』の教えは「神理」だからです。大霊界の法則には人知が一切関わっていません。原理はなく「神理」あるのみなのです。

大宇宙までも抱合する「神理」には数限りない法則が存在しますが、その教えの一つが「霊主体従」です。人間の証、人間の生涯、人生においては「霊すなわち魂が主体であり、肉体はそれに従うものだ」ということです。言い換えれば、人間が自分だと思っているものはじつは真の自分ではなく、肉体に内在する魂すなわち「魂の親様」こそが本当の自分であるということになります。

人生はよく劇場に譬えられます。ギリシャの主教クリソストムスは「この世は一つの劇場に過ぎぬ。人間の一生は一場のドラマなり」と言っていますし、ドイツの作家ハンス・カロッサは「われわれは、人生という大きな芝居の出演者の一人にすぎない」と語っています。「霊主体従」という視点から言えば、「人間の生涯とは、魂が肉体という衣をまとって演ずるドラマだ」ということになるでしょう。

人間は誕生と同時に肉体に魂が宿り、肉体の生命が続く限り、その魂が肉体を支配する……それが大霊界の法則です。どんな人間でも、この法則を踏み外して生きることはできないのです。

ただ、一般の人が考える人生は、ドラマの幕が下りたとき、すなわち死を迎えたときそれでお終いとなります。死によってすべては無に帰すると、それが真実と思われています。しかし『聖の神』の教えは違っています。日神会は『聖の神』と人々との媒介役として、死後の世界についても導きを与えるという大役を引き受けています。充実した人生を送るために、現世において肉体の病を癒し、しかるのちに「魂の親様」の浄化を祈り続けるのです。そして時至り、肉体という衣を脱ぎ捨てる日がきても、決して私たちの「魂の親様」は慌てたり混乱したりはしません。『聖の神』は未来永劫、大霊界のなかに安住の場所を得られるよう、天界神聖界へと続く「天界道」へと導いてくださるのです。なんとありがたいことでしょう。これこそが素晴らしきかな人生ということでしょう。

霊主体従という基本的な法則は、魂の向上によって人生を充実させるということです。なぜなら、私たちはこの世に生を受けた瞬間から、霊と神霊との交流のなかで生かされているからです。このことを私たちは知らなくてはなりません。

霊主体従の人間は、この世を生き続けながら、死を迎えるそのときまで大霊界の神霊と交流をし生活しています。人生の過程で憑依霊と関わって苦しむこともあれば、あの世から怨念の波動を送り続ける地獄魔界の邪霊たちと関わって不遇、不運の人生を終えることもあります。さらには、霊主体従の神理をわきまえなかったために、死後も霊界の底辺で苦しみ続けることもあります。

私たちは生を受けたときから「魂の親様」の浄化と向上を祈り続け、肉体の死後に魂だけの存在となったときには初代会長隈本確の神技「天界道」に入り向上を続け、天界神聖界に赴き、天地創造「素の神」の御許で永遠に平和で穏やかな生活を送るのです。霊的存在として未来永劫の命を得るのです。この図式は大霊界の法則であり、私たちはこの法則のなかで生かされているのです。

教えの到達点は「愛」の神理

日神会では天界道儀式（浄霊の儀式）において、数多くの人々の病苦を解消してきました。しかし、言うまでもなく『聖の神』の教えの到達点は「病気癒し」にあるのではありません。神理の核心は人類の幸福にあるのです。神は人間を救うために存在されます。「霊主体従」である人間を救うこと、すなわち人間の「魂の救済」、これが宗教の原点です。幸せに生き、幸せに死に、そして幸せな霊界生活を送ること、神理に身を委ねて、現世の人生も、また肉体の衣を脱ぎ捨てて霊界に赴いても、安らかで幸せに生きること、これが『聖の神』の教えの根本なのです。

神の御心は偉大なる「愛」です。真摯に祈り続ける人々に神は無条件の愛をお与えになります。清く正しく生きるということは、神を信じることによって真実の愛に目覚めることです。愛の心を持って暮らすことは「魂の親様」の喜びであり、それこそが『聖の神』の救済の波長に一致する生き方なのです。

大霊界の法則もまた、究極は愛の心を持つことを説いています。他人のために良かれと願う心、それが愛の心です。愛の波長は『聖の神』の意志に沿うものです。だからこそ愛の心を持って神に祈り、神の御力を頂くとき、知らず知らずのうちに涙が溢れるのです。厳かに真摯に、しかも優しい心で『聖の神』の御力を頂くとき、全身に爽やかな気がみなぎるのはそのためです。神の愛を一身に受けているからなのです。

Part
2

人はどのように生きたらよいのか

人生のマイナス現象も霊の障りによることが多い

　皆様のなかには日神会の全大霊界シリーズをお読みになり、すでにご存じの方も多いと思いますが、霊障すなわち霊の障りというのは、霊界で向上できずにさ迷っている低級霊や地獄霊、あるいは悪霊などが、自らの苦しみを救ってもらおうとして現世の人間に憑依する（取り憑く）ことによって起こる現象であるという事を……。憑依を受けた人間はそのために痛みや苦しみ等の苦痛を味わうことになるのですが、霊の障りは単に肉体の痛み苦しみだけに止まるものではありません。会社での出世コースからの脱落、商売の失敗、不幸な離婚、結ばれない恋愛、事故による大怪我、兄弟姉妹や両親などとの骨肉の争い、信頼している部下の裏切り……、こうした人生におけるマイナス現象も霊の障りによることが多いのです。

「あんなに元気だった自分が、なぜ難病と診断されるような病に冒されてしまったのだろう」

「自分のほうが明らかに実力はあるのに、なぜライバルに先を越されたのだろう」

「百パーセント成功間違いなしと考えて始めた商売なのに、なぜ失敗に終わったのだろう」

「これといって原因は思い当たらないのに、どうして離婚に追い込まれたのだろう」

「何度恋愛しても、必ず別離に至るのはどうしてだろう」

「仲良く穏やかに暮らしてきた家族が、なぜ離散することになってしまったのだろう」

「自分にはなんの落ち度もなかったのに、なぜ他人の起こした事故に巻き込まれてしまったのだろう」

「あんなに信頼していた部下に裏切られ、結局自分が失脚してしまう羽目になったのはなぜだろう」

数え上げればきりがないほど、人生において何度出会うかしれない突然の不幸な事態。自分の努力も知恵も功を奏さない不幸せな結末。

「なぜなのだ!」

考えてもわからない――。人間の頭で考えてわかるのは、人間界の瑣末《さまつ》な現象だけです。しかし瑣末な現象で離婚したり、一家離散になったり、大事故にあったりするはずはありません。考えてもわからないのは、個々の悪現象が大霊界の法則によってもたらされたものだからです。霊障、霊の禍《わざわい》による不幸な出来事をこの世の常識で解明しようとしても、それは無理な話なのです。

人間の「幸」「不幸」も霊現象の一つとみることで、じつは人生の実相が見えてきます。人間の幸不幸は霊、神霊の存在と深く関わっているのです。

死に物狂いの努力も報われない不条理、信じられない突然の相手の心変わり、どんなに知恵を振り絞ってもくい止めることのできない我が身の没落……、このような現象がもし霊の障りによってもたらされているとすれば、人間の知恵でその原因や解決策が見出せるわけはありません。

また、他人に対してよこしまな恨みを抱いたり、呪いを抱いたりすることによって、念返し（自分が発した悪想念が逆にはね返されて自らを苦しめる現象）による自らの生霊の憑依を受けることもあります。これは、人を恨んだり、呪ったりした、いわば自業自得の霊障ではありますが、どんな種類の憑依霊であろうと、霊の障りである以上、天界道儀式（浄霊）によって取り除かない限り、以後も人間界での幸せな人生は望めません。『聖の神』の御技によって憑依した霊を浄化、向上させて救わない限り、霊の障りによる不幸から逃れることはできないのです。

ここでそうした霊の障りによって、病気や事故などに次々と見舞われ、不本意な半生を送った方の事例を挙げてみましょう。仮にその方をKさんとして話を進めます。

Kさんの人生が暗転したのは十四歳の夏からでした。夏休みの海水浴で遊泳中、突然手足の自由が利かなくなり海底に引きずり込まれてしまったのです。溺れかかったKさんは友人や監視員に助けられ、病院へ搬送されて九死に一生を得たのですが、当のKさんにはどうしても納得できない事故でした。五歳の頃から海に親しみ、県内の中学校の水泳大会にも選手として活躍してきた自分がどうして溺れてしまったのだろうか。

「離岸流に巻き込まれたのだ」と父親は言いました。しかし、その日その海水浴場で離岸流が発生したという事実はありませんでした。「自分の泳ぎの腕を過信しすぎたのだ」と担任の教師にはたしなめられました。そして救助に参加した友人たちは「いつものおまえとはまるで違っていた」と不思議がっていました。

悔しい想いを持て余しながら初秋を迎えたある夜、今度は床に就いてまもなくKさんは突然呼吸困難に陥りました。両親は慌てふためいて救急車を呼び、病院に搬送されたKさんは「喘息」という診断を受けました。応急処置で事なきを得たKさんでしたが、以来、喘息の常備薬を手放せなくなってしまったのです。

そうしたハンディを抱えたまま高校に進んだKさんを、またもや苦難が襲いました。激しい頭痛が深夜に起こるようになったのです。その痛みは、頭を抱えてのたうちまわるほど強烈なものでした。救急車を呼んでも病院に着く頃にはもう痛みは治まっているということが何度となく繰り返され、大きな病院で脳波の検査やCT、MRIとあらゆる精密検査を受けても、結果はいつも異状なしということになってしまいます。心療内科や神経科も受診しましたが、やはり原因は不明で、精神安定剤や漢方薬が処方されたりしましたが、効果のほうはいま一つでした。

慢性頭痛と喘息の持病を抱えて高校生活を送ったKさんは、両親の勧めで大学受験に取り組むことになりました。苦痛と闘いながらの勉強でした。それでもなんとか東京の大学に進学はできたのですが、水泳の選手になりたいという幼い頃からの夢を絶たれたKさんは、自暴自棄のようになって自堕落な学生生活を過ごしたそうです。海難事故のせいで水に入ることに恐怖感を覚えるようになっていたからです。

大学卒業後、郷里に戻ったKさんは地元の建設会社に就職しました。ところが、入社まもなくKさんは県道で車の大事故を起こしてしまったのです。交通量もさほど多くなく、見通しの悪い道路というわけでもありませんでした。警察の調べではKさんは喘息の発作のためにハンドルを切り損ねたのではないかとか、居眠り運転をしていたのではないかとかと疑われましたが、そうでないことはKさん自身がよく知っています。しかし結局は「おまえは気がつかないうちに眠っていたんだ！」と刑事に決めつけられ、もちろん免許は停止になりました。そうでなくとも、もう運転をする気にはなれなかったKさんでした。

車も運転できない、持病はある、そんな状態で就ける仕事はなかなかありませんでした。Kさんにはもう未来への夢も希望もなくなってしまったのです。残された道は神仏にすがることだけでした。実家は先祖代々、菩提寺の檀家総代を務めていましたが、Kさんにはそのお寺では自分の苦悩は救われそうもないと思いました。

そんなとき、父親の所用の代理で上京したKさんは、ふと入った書店で一冊の本に出合いました。それが私の著書「霊媒体質の克服」だったのです。これだ！とKさんはむさぼるようにその本を読み、さらに一連の『新大霊界シリーズ』を読み続けました。そして、「自分に次々と起こる災難は霊に関わるものに違いない」

という考えにたどり着いたのです。当然、Kさんは日神会を訪れました。すがりつく思いで長崎へと向かったのです。

私は、今後の参考にと思い霊視を行なってみました、調べてみると、おそらく江戸時代から明治の初めに海難事故で亡くなった漁師の霊や、その他、無実の罪で切腹した下級武士の霊、戦場で額を割られて憤死した霊など、複数の憑依霊が現われたのでした。Kさんの不本意な半生は、すべて霊の障りによってもたらされたものだったのです。

Kさんは私の何度かの浄霊によって、頭痛や喘息はもちろんのこと、不幸な運命からも救われ、その後、ある女性と結婚して一児にも恵まれました。大霊界の法則で辛酸を味わったKさんは、大霊界の法則によって幸せに満ちた人生を手に入れたのです。

魂の霊格を向上させることで霊障を防止する

Ｋさんの例でみたように、霊障はまさに恐ろしい現象です。それまで幸福に暮らしてきたのに、突然、悪霊や邪霊に取り憑かれて無残な人生を歩むことになったとしたら、これほど悲劇的なことはありません。私たちはつねに霊障を受ける危険にさらされているのです。

これは霊障とは関わりのない病気の話ですが、人間には生まれながらに病気や怪我をしても自然に治す力、あるいは病気にならないようにする身体のシステムが神によって与えられています。これこそが肉体の持つ神秘の仕組みです。その仕組みが「自然治癒力」や「免疫力」と言われるものです。

風邪をひいたり、ちょっとした怪我をしたりしても、自然に治ってしまう。それが自然治癒力です。また、病気を引き起こす因子が体内に侵入しないようにしたり、侵入しても病気を発症させないように身体の防御システムが働いて病気に罹るのを逃れたりする。これが免疫力です。

ガンのような重病、難病に対してもこの免疫システムは働いています。ガン細胞は通常人間の身体に発生しますが、免疫細胞がガン細胞を捕捉して、ガンの発症を防いでいるのです。加齢とともにガンの発症率が高まるのは、齢を取るにしたがってこの免疫力が衰えるからなのです。すなわち免疫細胞がガン細胞に負けてしまうわけです。また、自然治癒力や免疫力は、体調不良やストレス、あるいは精神の不安定などによっても低下します。体力が弱っていたり、心配事があったりするとき病気になりやすいのはそのためなのです。

霊と無関係な病気と霊障は質の違うものですが、霊の憑依をいかにして防ぐかについては、病気に対する免疫システムと似たものがあります。それが「霊格」（神格）というものです。大霊界について無知であったり、人間的に傲慢不遜であったり、生活態度が怠惰であったり、神への祈りをなおざりにしている人の霊格（神格）は低いものです。このような人が霊障を受けやすいのです。すなわち突然の難病、奇病、不如意な人生の落とし穴……、霊の障りがそうした現象となってその人に襲いかかってくるのです。これはまさに心身の不摂生な生活態度によって心（精神）の免疫力が低下しているからです。

霊格（神格）が高い人には霊は憑依しにくいものです。憑依霊は、生活態度にメリハリがなく怠惰に流れている人、人を憎んだり、呪ったりしている人、不健康な暮らしをしている人などに取り憑きやすいのです。もちろん、心身の免疫力が強いからといって絶対病気にならないということではありません。免疫力のおかげで病気に罹りにくいというだけで、百パーセント病気にならないということではありません。同じように、「霊格（神格）」が高ければ絶対に憑依は受けないというものでもないのです。しかし、霊障の場合は高い確率で憑依を防御できるのです。

霊障を避ける、霊の傷害を受けないためには、『聖の神』への信仰心をつねに強く持ち、祈りの生活を送り、最高の神のお力を頂くことが大切です。そして自らの魂の霊格を高めるために、神から好まれる心の生き方を実践することが非常に大切となります。

聖
「自然治癒力」や「免疫力」は神のエネルギー
私達が病気・ケガ・ガンや難病などにかかっても自然治癒力や免疫力という防御システムで守られます
ケガ
風邪
防御システム
ガン
難病
体調不良は病気になりやすく
ストレス
不摂生
老化
霊格が低いと憑依されやすい
病気も憑依も『聖の神』への強い信仰心があなたを守ってくれるのです
聖

神は混沌や狂乱、傲慢や怠惰を嫌われます。神は秩序や静謐、謙虚、勤勉を好まれます。日神会の聖地には静かで清らかな気がみなぎっています。神の好まれる神気が満ちているのが日神会の聖地なのです。参拝なさった方にはおわかりいただけると思います。ですからまだ来会されたことがないと言われる方は、ぜひ一度日神会を訪れてみていただきたいものです。そうすれば聖なる気というものがどのように清々しいものか、ご自身で実感していただけることでしょう。

「教育、体育、徳育」と言われますが、神は徳育の心が備わった人を愛されます。私たちは神に好まれる生き方を心に付けて、神とつねに向き合うこと、いや、つねに神と「一命心体」（心身ともに神と一体であること）の神境を抱き続けることによって、恐ろしい憑依霊に負けない心・魂をつくることができるのです。

神は清く正しく真心を持って生きる人を守護なさる

私たち人間には「神の心」「動物の心」「悪魔の心」の三つが与えられています。

もちろん「神」「動物」「悪魔」というのは譬えですが、時々刻々さまざまな感情に揺れ動いている人間の心を大きく分けるとすれば、この「三つの心」に集約されるということです。

神の心とは、神の御心に通じる心のあり方、すなわち隣人を愛し、弱き者を助け、悪しきを正し、自分を向上させていこうとする聖なる心です。

動物の心とは、ただ自らの欲求を満たすことだけを考え、本能のおもむくままに人の道に外れた行動をとる心のあり方と言えます。

悪魔の心とは、他者に対し、世の中に対し、悪意を持って危害を加えようと企むような心、あるいは幸せな暮らしを呪い、他者の不幸を喜ぶというような悪の意思を抱いて生きる心の姿勢です。

私たちはこうした「神」「動物」「悪魔」という三つの想いに、絶えず翻弄されながら生きています。しかし、自らの向上を目指そうとする人は、動物の心や悪魔の心が顔を出そうとしたとき、それを制御し、正しき神の心に立ち返ろうとする努力を怠りません。

古来、多くの聖人たちは正しき心を向上させるために過酷な修行に挑戦しました。剣の道や修験道など、修行の目的はそれぞれに異なりますが、どの修行にも共通しているのは、動物の心や悪魔の心を克服し、人間の心を「無」にして神の心を得ることでした。修行とは艱難辛苦に耐えて目的を全うすることです。言葉を変えて言えば、苦難を乗り越えて神の心を体得することなのです。

人間は天地創造「素の神」より神にもなれる魂を与えられていますが、いまここにある私たちは神ではありません。俗念に支配されて生きる頼りない存在です。おいしいものを食べたい、高価な衣類を身に付けたい、もっと広い家に住みたい、仕事などしないで惰眠をむさぼりたい、肉欲に溺れたい、高いお酒をガブガブ飲んでみたい、理性を麻痺させたい、お金も欲しい、名声も欲しい……と、さまざまな欲望に支配されているのです。

しかし、幸いなことに、人間はそうした悪しき想念を克服しようという上昇志向も持っています。動物的な欲望や悪魔の誘惑を断ち切って、聖なる心を抱いて生きようという願望も持っているのです。このように清きもの、正しきものを求

欲望生活の中の人間界
楽な生き方
アクセク働かないでぜいたくな生活がしたい
豪邸・お金
美食・お酒
名声や肉欲に溺れたい
怠惰な生活を止めるには
欲望と悪想念を断つ
清く正しい心を強くする
心
それは『聖の神』への強い祈りです

める心を揺るぎないものにするのが修行です。

かつての修験者や行者たちは自らの肉体を痛めつけることで真理を得ようとし、神と一体になろうとしました。しかし、日神会の修行にそうした荒行は必要ありません。ただただ『聖の神』を想い、ひたすらに心からの祈りを捧げエネルギーを頂くこと。日神会における向上の道は、「心深く祈りを捧げ、最高の神のお力を全身へ頂かれてください」ということです。

神は苦悩にまみれた人間、生きる方向を見失った人間をお導きくださり、守護してくださいます。ゆえに神にすがろうとする信仰や祈りが生まれるのです。神が好まれるのは清く正しく生きている姿です。神はすがりくる者を分け隔てなく守護くださいますが、神の御心と波長の合う者にはより強い救済のエネルギーを注いでくださいます。だからこそ、私たちは神の御心に適う心を磨いていかなくてはならないのです。

日神会の会員のなかには、『聖の神』の御真体の前で無我夢中で祈りに埋没している人が多くおられます。そうした人からは、まさに神と同化している清らかな気を感じることがあります。「この人はいま神になろうとしている」と思わせる命がけの姿。俗世を離れた「無」の姿。このような人は、まさしく神にしっかりと守護されていると言ってよいのです。

謙虚に生きる努力をすること

私たちは神に好まれる生き方を身に付けることによって、愛の御心と御守護を頂くことができると前項で述べましたが、それでは神が好まれる人間の生き方とはどのようなことでしょうか。

まずは「謙虚であれ」ということです。謙虚な心の姿勢とは、自分は優れた人間だなどと思わず、素直な心で他に学ぶべきものがあると考え、控えめに生きることです。言葉では簡単なように思えますが、謙虚な心で生きるということはそんなに生易しくかんたんなことではありません。なぜなら、人間誰しもプライド、すなわち自尊心というものがあり、ある程度は自画自賛したい気持ちがあるからです。

例えば、なにかのコンクールや競技会で優勝したりすれば、自分の実力を誇り、過大評価したくなるのが人間の常です。自分はたいした実力者だと考えたとき、はや謙虚な気持ちは消え失せているのです。自分自身を正しく把握するというのは大変に難しいことなのです。

なかには「謙虚さは美徳だ」と思うばかりに、本音では自分ほど優れた者はいないと思っていながら、表面だけ低姿勢に、極度にへりくだった態度を取る人もいます。しかし、これは嫌味であるばかりでなく、相手から見ると不愉快なものです。「過度な謙遜は傲慢に通ずる」ということを肝に銘じておくべきでしょう。

このように、謙虚に生きるということは、単純なようでいてまことに難しいものです。では、どうしたらよいのでしょう。まずは視野を広く持って、見聞を広めることです。年齢を積み重ね、広く世間を見ることができるようになれば、世間には隠れた才能の持ち主がたくさん存在しており、自分など取るに足らない人間だということがわかってきます。そうすれば自然に謙虚な姿勢がにじみ出るよ

神が好まれる人間の生き方とは
傲慢な態度は神に嫌われます
オレは一番だ
優勝
謙虚な心の姿勢で自分は優れていると思わず素直な心で他に学び控えめに生きる
「謙虚であれ」
と言っても自分を正しく把握するのはとても難しいことなのです
ウ～ム

うになるでしょう。

「実るほど頭を垂れる稲穂かな」という警句があります。また、「自分以外、人はみな我が師」という言葉もあります。大切なことを自分で会得したつもりになっていても、それは違います。他人に教わっているのです。ゆえに他人に対して姿勢を低くするのは当たり前のことなのです。

謙虚とはそういうものであり、自分はまだまだ未熟であると認識し、心から他者に教えを乞うという態度が大切です。広い世間には自分などよりはるかに優れた人がどれほどいるかはかりしれません。まかりまちがっても自分が優れた人間であるなどと心で自惚れてはいけないのです。

先にも述べたように、うわべだけ謙虚な仮面を付けていても、神はすべてお見通しです。内心に自惚れや傲慢を潜めていては、真の神の御加護は頂けません。真摯な態度で自分自身を見つめ、他者を尊敬するところから自ずと出る謙虚さでなければならないのです。

素直に自分の心のなかを覗いてみることです。

「心から自分を未熟と考えているか？」

「その未熟さを修練によって鍛えようとしているか？」

ここで真の謙虚さが問われるのです。

未熟を未熟としてそのまま容認し、「私は未熟者です」と言っても、それだけでは謙虚な心とは言えません。そのままでは謙虚でも美しい心根でもありません。

「一心不乱に修行に励んでいます。しかし、まだまだ道半ばでございます。どうかより向上するためにお力をお貸しください」

このように考える気持ちが真の謙虚さなのです。

傲慢、高姿勢な言動は相手の心に突き刺さる

ここで一つ、二つ、皆様に私自身の体験をお話ししてみましょう。これはまだ私の父すなわち日神会教祖隈本確が現界で修行に励んでおられた頃の話ですが、ある春の日、私が東京聖地（当時は東京道場といっていましたが）での仕事を終え、

長崎へ帰るために羽田空港で搭乗時刻を待っていたときのことです。私の横に座っていた若いカップルの女性のほうが男性に向かって、なにやら凄い剣幕で非難していました。

「この前、なんで私にあんなこと言ったのよ！　思い出すたびに辛くなるわ」ところが男性のほうはあっけらかんとしたまま、「そんな前のことなんかどうでもいいじゃん。いつまでも根に持つなよ。過去のことじゃん」と軽くあしらっていたのです。

女性はと見ると、横を向いて悲痛な表情で目に涙を浮かべていました。女性はそのときの自分の心境を男性にわかってもらおうと一心に訴えていたと思うのですが、男性のほうはまったく反省することなく、どこ吹く風で知らん顔。女性はいたたまれなくなったのでしょう。「もういいよ。私、あなたと旅行になんか行かない！　帰る！」とひと言残して走り去りました。

男性は呆気にとられたような様子でしたが、要するに女性に振られたわけです。細やかな愛情を注ぐべき大切な人に、傲慢不遜な言葉を放ってしまったことで、その付けが回ってきたのでしょう。

傲慢――。これは神がとても嫌われる態度なのです。高姿勢や行き過ぎたプライド心も同様です。そして神が嫌われる悪の想念は自分の魂をも汚してしまうのです。これでは神に愛される清らかな魂を育むなどとても無理でしょう。

また別のときの話ですが、私の知り合いが出場している空手の試合を見に行ったときのこと、恰幅のいい男性が私の知り合いになにやらアドバイスをしていました。

「おい、おまえがパンチを出すとき、ここに隙ができるから注意しないとだめだぞ」

そのひと言に知り合いは「ありがとうございます」と心から感謝していました。するとその先輩は急ににやにやしながら「じつはな、おまえを倒すときにはそこを狙おうと前から決めていたんだ。一発でノックアウトできるからな！　おまえの対戦相手は○○さんだろう？　きっと苦戦するぞ。おまえがいくら頑張ってもかなり苦戦しちゃうぞ」と言い、見下したような高笑いを放っていました。

知り合いの選手に目を向けると、顔は青ざめ足はガタガタと震え、いまにも逃げ出しそうな状態でした。

試合後、その先輩は「な、俺がさっき言ったとおり苦戦して負けたじゃないか」と、またもニヤニヤ、そして高笑い……。知り合いは打ちのめされたような顔をして、私に「隈本さん、俺、もう空手はやりたくないです」といって試合場をあとにしていきました。

まわりの人に嫌味を言う、傷つけるような言葉を平気で口走る……。その言葉を発したほうは、さりげないひと言だと思っているかもしれませんが、言われたほうにとっては、先ほどのカップルの女性と同じように「過去のこと」ではないのです。自分が心の管理を忘れ、悪想念という心の弓を引き、傲慢、高姿勢、行き過ぎたプライドという心の矢を放った責任はいつまでも当人にのしかかってきます。

一度放った心の矢は相手の心の奥深くに突き刺さります。後日、当人は自分の心の過ちに気づき、悔やみ、そのときになっていくら謝ってみても人間関係は修復不可能となり、大切な恋人、友人、知人をまた一人、また一人と失っていくことになるでしょう。

繰り返しますが、そうした悪想念を抱いてしまった心では、決して神に好まれる魂を育むことはできません。そのような人もいずれは霊界へおもむくことになりますが、現界にあるときに反省すらしなかった悪想念にまみれた魂はとても高き神の世界に入ることはできません。それどころか幽界でさ迷う間もなくすーっと地獄界へと堕ちて行くことになるでしょう。心の管理は現界のみならず、霊界入りしたのちの生活にも影響する大事なことだということをしっかりと覚えておいてください。

人には礼節、敬愛をもって接すること

先に述べた謙虚さと同時に大切になってくるのは「礼節」です。「礼」は礼儀であり、「節」は節度です。神に祈りを捧げる法も、基本にあるのは「礼」と「節」です。日常生活においても礼儀や節度を重んじる生き方が、神の好まれる態度な

のです。

礼節は相手に対して尊敬していることを態度で表す行為です。腰を折り、頭を下げて尊敬する姿勢を表わす。かつて日神会では礼節の心を育み、強靭な肉体をつくるために職員が空手の修行に励んでいましたが、武道と礼節とは切り離せない結びつきがあります。

当然のことですが、平和な世においての武道は闘争を目的とするものではありません。あくまでも武による心と魂の修行に重点が置かれています。神は武の心を好まれます。古来、神前での奉納試合などが行われてきたのは、武の持つ純粋無垢な「心の気」が神に好まれたからです。

武道においては、試合や練習を始めるに当たって互いに礼の挨拶を交わします。相手に対する礼をもって向かい合うのです。「武道は礼に始まり、礼に終わる」という言い方があります。すなわち「武道は礼節に始まり、礼節に終わる」ということですね。「礼」のない「武」は単なる闘争でしかありません。争いこそ、神のもっとも嫌われる狂乱と暴力です。

「礼」は人と人を結ぶ絆の作法でもあります。礼の第一歩は「挨拶」でしょう。人は独りでは生きてはいけません。ゆえに礼節、敬愛のために挨拶というルールをつくったのです。「こんにちは」「おはよう」「おやすみなさい」という挨拶が人と人の心を結びます。この単純な挨拶さえ満足にできない人も世間には少なからずいるようですが、そうした人は人間の結びつきを軽んじているとしか言いようがありません。挨拶には挨拶を返すのが人間的なルールであり、この作法を知らないものは人間社会で生きていく資格はないのではないでしょうか。霊格向上のためにこの世に生を受けた人間でありながら、その基本の要件さえ満たせないのであれば、霊界に安住の地など得られるはずもないでしょう。

礼儀には心が必要です。神に対する礼、師に対する礼、親に対する礼、兄弟姉妹に対する礼、目上の人に対する礼、友人に対する礼、隣人に対する礼……というふうに、人間と人間が関わり合うところに必ず「礼儀」が存在します。

節度もまた同じです。神に対しても、他者に対しても節度をもって接することが大切です。節度とは度を越さない接し方のことで、言い換えれば、程よい距離を保つということです。いくら慣れ親しんだ間柄であっても、土足で相手の心に踏み込むようなことは戒めなければなりません。礼と節は「礼節」という一つの言葉になっているように、一対の関係にあります。

神は広く深い御心で人間の罪を許してくださいますが、許してもらう人間に甘えや油断があったのでは神の御威光が及ぶことはありません。

また、神を畏れ多いものとして高いところに祀り上げてはいけません。無意識にでも祀り上げてしまいますと、敬して神を遠ざける結果になってしまいます。神は尊び敬うと同時に、一番大切な存在としてあなたの身近に愛する対象とするべきなのです。

尊び敬って愛する。すなわち「敬愛」です。神に対しても、また人間と人間のあいだにも「礼節」と同時に「敬愛」という心が必要です。相手に対して侮蔑の想いを持ったり、相手を見下げた心を持ったりする態度は神のもっとも嫌われる心の姿勢です。どんな人に対しても、敬愛の気持ちを失ってはならないのです。

仕事に励み、労働の喜びを感得すること

神は労働に励む人の心を喜ばれます。労働に身を挺するということは、その根底に自分を犠牲にして他の人のために役立とうという心があるからです。

若い人には馴染みのないものでしょうが、かつて「勤労奉仕」という言葉がありました。自分の住む街の公園や道路の草むしり、空き缶ひろいなどの清掃作業、あるいは災害被災地への救助活動など、無償の奉仕をなすこと。いまの言葉で言うならば「ボランティア」です。なんの見返りも求めず、他人のために働くという心は美しく立派な精神であり、このような純粋無垢で打算のない純粋な心を神は好まれるのです。

自分を犠牲にして人のために尽くすという行為は非常に尊いものです。神の御心に近づく行為と言ってもよいでしょう。苦難にあえぐ人を救済する行為は神の行為です。自分を犠牲にするという「滅私」の心がなければ、神の御心に近づく

ほどの救済はできません。神の御守護は「滅私」という尊い心を持つ人に注がれるのです。

「滅私」すなわち己を無にする、あるいは自我を消して「無」の心境になることと解釈すれば、これは神に祈るときの心のあり方にも通じるものでしょう。無心に祈り、無心に神にすがる。これこそ神がもっとも愛される人間の心の姿勢なのですから。

働くということは、明日の糧を得るため、すなわち食べていくためのものであり、それはそれで欠かすことのできない大切な行為です。しかし、他人のために自分の労働を提供するということは、よりいっそう価値のある行為と考えられます。神は「真、善、美」を好まれると先に述べましたが、一心不乱に仕事に没頭している人の姿ほど美しいものはありません。神はその姿を愛されるのです。

このようにみてくると、働くという行為を純粋に神に近づく行為と考えることもできるでしょう。すなわち「労働の喜び」という受け止め方です。労働に汗を流すということ自体を神聖な行為ととらえることです。労働を自己鍛錬の一環と考えて精を出すことです。農業者は作物を栽培して収穫し、神の御心によって恵みが得られたことに感謝します。ここでは、神への感謝と労働の喜びが混然と融合しているのです。

働くことを神に近づく行為と位置づければ、労働は信仰の喜びであり、働くことを修行の過程と考えることができます。当然ながら、信仰としての労働は、辛く苦しい難行ではなく、神に近づく喜びに満ちた行為です。そのことを胸に刻んで人間としての自己を向上させ、自己の魂の霊格（神格）を向上させていかなくてはなりません。

労働は祈りとともにあるのです。

頭脳は神に与えられた手提げコンピュータである

神は人間に、心（精神世界）だけでなく肉体と知恵（頭脳）も与えられました。

ですから、肉体を使い、頭脳を使い、心を働かせることで「魂」を磨き上げることが人間にとってもっとも大切なことです。

　これはつい最近のことですが、私がある若い男性から依頼を受けて天界道儀式を執り行なわせていただいていたのですが、前に座られたその方の様子がどうも落ち着きがないように感じたので、ふとその方の胸（心）に想いを向けてみました。するとその方の魂の声が聞こえてきました。もちろん人間の話す言葉ではなく、想いの声なので瞬間的に私の心に届いたのです。

「本尊様（神主聖師教様）、私はこの頃どうにも不安でたまりません。私が宿っている人間凡夫（代）の心のあり方が心配なのです。精神（心）に迷いがあるため、さまざまな思考が精神（心）と頭のなかを交錯しているのです。私の代はある会社に勤めるかたわら一つの学問に打ち込んでいるのですが、学業にいそしむといえばどうしても知恵の働きが中心となり、学業に熱心になるあまり心の管理がおろそかになり、謙虚な心を忘れてしまい傲慢な心にとらわれるのではないか、それでは日神会の教えに背いてしまうのではないか、私の代はそれで迷っているのです。魂である私はどうしたらよいのでしょう」

これがその方の魂の想いでした。なるほど、そういうことだったのかと思った私は、その方に「なにか心に迷いがあるのではないですか？」と尋ねてみました。

「えっ」

一瞬、怪訝な面持ちになられたその方は、しばしうつむいていたのちに「聖師教様にはやはりおわかりになるのですね。じつは……」と私の目を見つめて話してくれました。

「私はある分野の学問を重ねていずれは博士号を取り、できれば国際的な機関で仕事をしたいと思っています。しかし学問を追求していくには、なによりも知恵の働きが必要となります。しかし知恵ばかりに頼っていては傲慢になってしまうのではないか、それでは謙虚、礼節、敬いという神の道に外れるのではないか、神への反逆行為ではないか、そんなことを考えますと、神への祈りも私の場合は本物ではないのではないかと悩み、最近では学問にも打ち込めず、かといって夢も捨て切れず、心が混乱しているのです」

この方はとんでもない思い違いをして迷っていたのですね。知恵（頭脳）の働きは神が人間にお与えになった素晴らしい神の英知です。もし知恵イコール傲慢というのであるならば、神が私たちに頭脳をお与えになるわけがないでしょう。肉体と頭の知恵とそして心と、神はその三つを魂の向上のために使うようにと私たちに与えてくださったのですから、知恵の働きそのものが悪想念ではないのです。「知恵の働き」は「言葉」と共に神から頂いた大切なものなのです。

かつて教祖は「頭脳は手提げコンピュータだ」と言っておられましたが、私も同じように考えています。魂や心の想いが頭脳の働きによって言葉となり、それが肉体の喉を通して声として発せられるわけですね。肉体と頭脳、心、そして魂はつねに連動しているのですから、そのどの一つを無くしても人間として生きてはいけません。第一、知恵がなかったら計算もできない、文章も書けない、人と交わることもできない、つまり社会生活が送れないということになってしまいます。もちろん仕事もできません。

ただし知恵だけが突出してしまうと、たとえば「自分は知恵者だ」などと傲慢な想いに捕らわれてしまいがちですから、その管理に気を配ることを忘れてはいけないということです。ですから「知恵の働きイコール傲慢」ではありません。そこを間違えないようにしなくてはいけません。大事なのは精神（心）のコントロールなのです。

そこで私は、その方に「心配したり迷ったりする必要はなにもないのですよ。学業に励んで将来に大きな夢を持つことは、とても素晴らしいことではないでしょうか。日神会で知恵の働きは傲慢になりやすいと言っているのは知恵の働きだけに偏って物事を処理し、自分は頭がいいのだなどという想いを持ったら傲慢になりますよということであって、なにも知恵の働きそのものが傲慢だと言っているのではないのです。ここを誤解してはいけません。あなたは『聖の神』を〝心〟で想う、『聖の神』に〝心〟で祈るということを大切にしておられるはずです。それで充分なのですよ。あなたは神の道のこともしっかりとわかっておられるのですから、なにも心配する必要はありません。神への祈りを忘れず、祈りの生活を送ってください。そして学問の道も究めるように頑張ってくださいｏそれでいいのです。ちなみに『神の御命、エネルギー、英知、御心をください』という祈りがありますね。もしも学業に行き詰まることがあったら、『神の英知をください。お願いします』と祈ったらよいのです。それがすなわち信仰ではないですか」

私はその方に懇切丁寧にお話しして差し上げました。その方は「聖師教様、ありがとうございます。なにか心の霧が晴れたような気がいたします。もう迷うことなく、信仰にも学問にも一心に励んでまいります」とすっきりしたお顔で頭を下げられ、儀式を受けられたのちは晴々とした様子でお帰りになりました。

知恵者だからといって傲慢になることもなく、素晴らしい仕事をされている方はたくさんおられますね。テレビである著名な医学者の方が、医学で解明できないものはたしかに存在するとはっきり言っておられました。また、「神の手」と言われる優れた技術を持つ高名な脳外科医の方も、手術の前には必ず神に祈るといいます。だから知恵者すなわち傲慢などと短絡的に考えてはいけません。

皆様もよく知っているように、出家して仏門に入られ、仏に仕えながら人々に法話を語り、同時に素晴らしい著作を重ねている作家の方がおられますね。また、熱心なキリスト教信者で著名な評論家の方や小説家の方もかつておられました。同じように知恵も心も優れた方は、世界中に数え切れないほどおられるでしょう。この方々が傲慢かといえば決してそうではありませんね。

逆に知恵よりも心を大事にしている人だからといって、必ずしもその心が清らかであるとは限りません。悪いことばかり心で思っている人だっているでしょう。人を憎んだり、羨んだり、蔑んだり、いろいろな悪想念に満ちた心を持っている人もいるでしょう。すべては心の管理にかかっているのです。

繰り返しておきますが、頭の知恵は神から与えられた大切な尊い宝物なのです。決して粗末に扱うことなく、清らかな正しい心の生活を送り、知恵の働きを上手にコントロールし、神と自らの魂に感謝しながら生きていくこと、それが私たちの進むべき神の道なのです。

神が私たちに与えてくださった「英知」「身体」「精神」を、あなたの「心」と「御魂」の神働（働き）で神の恩恵と英知を心に頂いて、高き目標を目指していただきたいものです。

人間を愛し慈しむ生き方

神は人間を愛し、愛の御心で手を差し伸べておられます。人は病に苦しみ、霊障に苦しみ、老いに苦しみ、死の恐怖に怯えて一生を終える、まことに憐れむべき存在です。このような大衆を、神は広い御心で救い上げようとなさっています。迷い苦しむ人間たちに対して少しでも安らぎを与えようとなさり、「我が心の御元へ来たれ」と両手を差し伸べておられるのが神の愛なのです。この神の愛の御心にすがり、救いを求めようと祈るのが信仰というものです。

私たちには獣性も悪心もありますが、同時に神と同化できる気高い心（魂）も併せ持っています。修行とは獣性、悪心を克服し神の御心に近づくことです。したがって、他者に対して神の如き愛を注ぐことも、自らの霊格を高めるための貴重な修行となります。

では、愛とはいったいなんでしょう。

愛とは、端的に言えば相手の幸せを願う心です。どのように小さなことでもよいから相手のためになることを行うことです。体の弱い人、高齢の人などに乗り物の席を譲ることでもよいのです。お年寄りの手を引いて横断歩道を渡してあげることでもよいのです。人手の足りない農家の手伝いをすることでも、災害地の復興に参加することでもよいのです。相手の身になって、困っている人に手をさしのべる優しい心。それが愛です。そのような優しく美しい心根をもち、見返りを求めずに人助けの行為をなす。それが愛です。

お金を得るための手段として救済事業を行なうことは、神の愛には当てはまりません。救済ビジネスも人助けの事業ですから決して悪いというわけではありませんが、利益につながらなければ手を差し伸べない、ということからすると、神の御心とは大きくかけ離れています。神の御心はいつの場合も無償の愛なのです。

善意を持ち続けるというのも、これはこれでなかなか難しいことです。人間には利己心や本能的な自己愛があるからです。他人よりも自分が可愛いという気持ちにとらわれてしまうのも人間です。

「言うは易し、行なうは難し」で、これはなかなかできることではありません。しかし、その心を持ち続けようとするひたむきな想いが修行であり、尊い行為なのです。すなわち、その想いの持続が神の愛を自分のなかに抱くことであり、自らの霊格を向上させていくエネルギーを生み出すのです。

すてきな笑顔はまわりの方の心を救済する

これも私自身の若い頃の体験ですが、あるとき友人から話したいことがあるので時間ができたら自分の会社へ来てもらえないだろうか、と連絡がありました。何度も電話をもらいましたので、私は心重く気乗りがしないまま友人のもとへ向かいました。というのも、じつはこの友人は屈強な男性で、なにが面白くないのか、いつどこで会っても仏頂面でご機嫌斜め。なにか失敗したわけでもないのに、社員たちに対してものすごい剣幕で話すような人間だったからです。

今日もまたいやな想いをするのではないか、早めに切り上げて帰ろうなどと考えながら友人の会社に着くと、いつもは暗い表情をしている社員たちが、その日は打って変わって明るく朗らかな生き生きとした表情で、いまにも鼻歌でも歌い出しそうな明るい声で話していました。

「ん？　いつもと社員さんの雰囲気が違う。間違えて別の会社へ来たのだろうか」

私の戸惑いをよそに友人は笑顔で奥から出てきました。

「よう隈本、今日は忙しいところをすまなかったな」という明るく生き生きとした声で出迎えられた私は驚き、天地がひっくり返ったような想いで開いた口がふさがらない状態でした。

社員のみなさんの満面の笑顔！　そして友人の満面の笑顔！　いつもの仏頂面はどこへやら、目の前に座っている友人は、よほど良いことがあったのかと思えるほどの上機嫌。一生懸命に話しかけてくる友人には申し訳ないのですが、私はその話の内容よりも社員たちの変わりように心が向いておりました。

以前は人を見下したように睨みながら、暗くドスの利いた音声で平気で話をしていた友人……。いつも殺伐とした雰囲気のなか、まるで針のむしろに座ってい るかのようにひそひそと話をしていた社員たち……。いったい友人の会社になに が起こったのだろうかと、私は狐につままれたような気持ちで座っていました。

そこへ、入社してまだ日も浅いらしい女性社員が、お盆に乗せた湯呑をカタカ タと音を立てて、少々こぼしながらもお茶を持ってきてくれました。慣れない手 つきでしたが、その女性社員は満面に笑顔を浮かべており、「どうぞ」とお茶を差 し出してくれたとき、まるで一筋の心地よい風が私の心を吹き抜けたような感じ を受けました。

ところが当の本人は「また変なお茶の出し方をしてすみませんでした」と、社 長である友人にしきりに謝っていました。またいつものように友人の怒りが爆発 しなければいいがと心配しながら見ていると、そんな私の想いをよそに、友人は「そ んなこと気にしなくていいんだよ」と優しくいたわるような笑顔で女性社員に声 をかけたのでした。

ああ、そうか、会社の雰囲気が明るく変わったのは、この女性社員の笑顔によるものなのだな――。

なにをするにもにこやかで素晴らしい笑顔。先輩たちから注意を受けても「はい、わかりました！　ありがとうございます」と明るい笑顔。社長である友人からなにかの指示を受けているときも満面の笑顔。また一方、指示を出している友人も心からの笑顔。

笑顔がまわりの人たちの心をここまで変えることができるということを、私はあらためて知ることができたのでした。

それから友人と私はあれこれと雑談まじりに会話をしていたのですが、突然ある男性がものすごい剣幕で苦情を言ってきました。友人の会社がなにかミスを犯したのだろうかと様子を見ていると、その男性に対応しているのは先ほどの女性社員でした。大丈夫だろうかと私は心配になったのですが、その女性社員は苦情に対しての説明を一心に行ないながらも笑顔を決して絶やしませんでした。相手を愛し、慈しみ、尊ぶ真心からの説明に、激昂して苦情をぶちまけていた男性も態度を軟化させ、先ほどの剣幕はどこへやら、にこやかな笑顔で帰っていったのでした。
ひるがえって、もしその女性社員が、苦情を言って怒鳴り込んできた男性に対
して対抗意識を燃やし、強い調子で言い返していたらどうなっていたことでしょ
う。それこそ激しい言い争いになっていたに違いありません。
「あの子が応対すると、理由はわからないがいつもああなんだよ。面接のとき、
事務のような仕事は一度も経験したことがないというので心配していたんだが、
いままでは来てくれて本当に良かったと思っているんだ」
友人はちょっと自慢げに話してくれました。
「君の会社も社員の人たちも、あの子の笑顔のおかげで変わったんだね」
「じつは俺もそう思っているんだ。あの子がうちに来てから、行く先々で『社長、
最近なにか良いことがあったんですか。にこやかで嬉しそうですね』なんて言わ
れているよ」
友人はそれこそとても嬉しそうに同意しました。

屈強でいつもものすごい剣幕で社員たちに話をしていた友人。激昂して苦情を言っていた男性。その傲慢、高姿勢な心を瞬時に変える満面の笑顔。笑みの心。心の底から相手の方を愛し、慈しみ、尊ぶ心……。笑顔に勝るものはないのでしょう。

笑顔はまわりの方の心を救済する――。そう確信した私でした。

反省と祈りに生きること

何度も繰り返したように、人は弱い生きものです。鉄壁のように強い意志を持った人もいないではありませんが、多くの人は悪しき心や動物的誘惑に負けてしまう弱き存在なのです。神の如き心で生きようと努めても、どこかで愚かな雑念や動物的本能に負けてしまう。修行が頓挫してしまうわけです。聖なる想い、清らかな意思を貫こうとし、そう決心した矢先に悪しき想いに負けてしまう。何度も何度も負けてしまう。

「ああ、なんといやな自分だろう」

自己嫌悪にさいなまれては、ついつい心ならずも愚かな行為を繰り返してしまう自分を嘆く。あまりの不甲斐なさに絶望的な気持ちになる。しまいには自分を価値のない存在だと思うあまり自暴自棄になり、修行をやめてしまう人もいるでしょう。神への道を進む努力を放棄してしまう。修行からの脱落です。以後、その人は神と共に歩む健気な気持ちを捨てて、荒廃した人生を送ることになります。神なき人生を選んでしまえば、その人の魂は永遠に救済されることはありません。

しかし、神はその人間に反省の気持ちがある限り、決して見捨ててしまわれることはありません。神は弱き者に手を差し伸べ、すがりつく者を抱き取ってくださるのです。俗に「できの悪い子ほど可愛い」と言います。複数の兄弟姉妹のなかで、他の子供より劣っている子供ほど親にとっては気がかりで、特別に愛情を注ぎたくなるということですね。親心の一端を表わした言葉ですが、神の御心もこの親心に似ているところがあるのです。神の御心に近い心を持った人は、神が手を差し伸べなくても救われます。しかし、愚かな人や悪人は、神に見放されてしまえば未来永劫救われることはありません。

神は迷える人間を救済されるために大霊界に現われられます。しかし、それは神を求めて祈る人間に対しての救いであり、神を捨てた人間まで救ってくださるわけではありません。ゆえに、いかなるときにも神に背を向けてはなりません。背を向けるということは、私は心の反省をいたしませんということになるのです。

自分に絶望したら、そのまま堕落していくか、絶対者である神にすがって救いを求めるか、二つに一つの道しかありません。もし、神に背を向けて堕落の道をたどれば、その人は霊界に入っても永遠に迷いの世界を巡らなくてはなりません。自分に絶望したら、心からの反省と祈りによって這い上がるしかないのです。『聖の神』は心の反省を行ない、祈る者を見捨てられはしません。自ら悔い改めようと努力し、敬虔なる祈りの日々を送る人はやがて神に近づくことができるのです。

自分独りの祈りが頼りなく感じられたら、日神会の長崎聖地、あるいは東京聖地を訪れることです。聖地はいつもあなたの前に開かれています。いついかなるときも慈愛に満ちた「神の気」に満たされています。礼拝堂でひたすら祈ることによって、絶望も心の痛手もきっと忘れ去ることができることでしょう。

神の忌避される七つの悪しき生き方

人間には先に述べたように「神の心」ばかりでなく「動物の心」や「悪魔の心」が潜んでいます。修行の過程において、自分を堕落の道に誘ういろいろな誘惑が行く手を阻もうとします。この誘惑に心して立ち向かわなくてはいけません。行く手を阻むものに決して心で負けてはならないのです。

では、神が忌避する（嫌って避ける）悪しき生き方とはいかなるものでしょうか。次に修行の妨げとなる七つの汚点を述べておきましょう。

一、傲慢な態度

他人より少しばかり優れたところがあると、愚かなる人間はすぐに思い上がります。これは神のもっとも嫌われる態度です。神の好まれる姿は謙虚さです。

「自分は思い上がってはいないか」

「自惚れてはいないか」

「自分をできた人間だと過信して他者を見下していないか」

絶えず自分の心をみつめることです。もし少しでも思い当るところがあれば、神に謝罪して心を改めなくてはなりません。

二、高姿勢な態度

これは傲慢と同質の悪しき態度です。傲慢は人を見下していますが、高姿勢とは人に対して威圧的に接することです。高姿勢や威圧も神が忌避して止まない悪気を発散する生き方です。ところが肉体が元気な若いうちは、この高姿勢のエネルギーを振りまいて弱き人を服従させるという間違いを犯す方が多いものです。妻や子、年下の後輩、部下などを脅したり叱りつけたりして、威圧のエネルギーで服従させようとします。

ところが年齢を経て肉体が衰えてくると、高姿勢のエネルギーも弱まってきます。高齢になったり病に冒されたりすると、急に無気力になったりもします。これまでまわりに君臨してきた足元が崩れるのです。生命力が弱まると威圧的なエネルギーも低下します。間違った生き方を通してきた報いのようなものでしょう。「人間に上下があってはならない」と心に刻むことです。

三、尊大な態度

尊大な態度とは「自己顕示」の悪しき姿勢です。傲慢や高姿勢に通じる態度ですが、思い上がって偉そうに構える尊大な態度も、神が嫌われる心の姿勢です。霊界には身分による上下関係、すなわち財力や学歴、肩書による上下関係はありません。そのようなレッテルで上下を決めているのは俗世間です。神を想う世界、また霊界に人間の上下はないのです。そもそも偉いというのは他者が評価するものであって、自分で自分を偉いなどと考えるなど滑稽以外のなにものでもないでしょう。

四、悪想念にまみれた生き方

動物の心、悪魔の心を持った人間には、いろいろな悪い考えや恐ろしい考えが浮かぶときもあるでしょう。しかし、その考えの虜になったり、悪しき行いに興味を持ったりしてはいけません。人を陥れようとする企み、殺意、犯罪への誘惑、人を憎む心、呪う心、ずるい心、人を妬む心、人の不幸を喜ぶ心……等々、数え切れない悪想念が意識のなかに浮かんできます。しかし悪しき想いは即座に払いのけ、その心をすぐに反省し神に許しを乞うことが大切です。

五、無礼、不作法な態度

神は混沌、無秩序、怠惰を嫌われます。無礼や不作法は心の無秩序から生まれてきます。無秩序な心とは、投げやりな心のことです。そんな心の持ち主が見せる態度が無礼や不作法です。礼儀は神のもっとも好まれる姿であり、無礼は神の嫌悪される姿です。

礼儀とは相手を大切に想い、尊敬、尊重するという態度の表明です。

六、他人に対するいやがらせやいじめの行為

「博愛を衆に及ぼす」というのが神のお姿です。神は姿形、貧富、能力などによって人を差別したりなさいません。神の前ではみな平等であり、神の恵みに個人差や大小はありません。どのような人に対しても等しく憐れみと愛をもって接してくださるのが神の御心なのです。

特定の人間に対して嫌悪したり、疎外したり、憎悪の心を持ったりすることは、神の御心に程遠い心境というべきでしょう。ましてや他人の体や心に傷を負わせて苦痛を与えることは論外の行為です。他人にいやがらせをしたりいじめたりする行為は愛のない仕打ちであり、神のもっとも嫌われる行動と言えましょう。

七、愛なき劣情

異性を求める行為は、動物の本能を持つ人間がつねに直面する欲望です。人間も動物である限り、欲望のあること自体を恥じることはありません。ただ、人間の場合、動物的欲望は持っていても他の動物とは違っています。人間には神と同

化しようという願望や英知があります。そして欲望を制御したり、知性や修行で昇華させたりすることもできます。

愛し合う者同士が肉欲によってその愛の深さを確かめ合うことまで、神は否定なさいません。しかし、それはあくまでも愛し合う男女でなければなりません。宗教のなかには妻帯を禁じている例さえあるのです。

極端な動物の心は神が好まれる心境からあまりにかけ離れていますが、魂が肉体の衣を着ている私たち人間は、自らが生存し、また子孫を残すために、食欲や性欲を捨てることはできません。これを神は広い御心でお許しになっています。すなわち神は美食や飽食、性への沈溺は好まれないのです。

想念の間違いに気づいたら神に許しを乞う

皆様ご承知のように、神は私たち人間に「神の心」「動物の心」「悪魔の心」の三つをお与えくださいました。私たちは肉体を持つ動物ですから、ときには本能だけにとらわれて神の心を忘れ、動物の心や悪魔の心を持ってしまうこともあるのは当然です。しかしその悪の想念をそのままに放っておいたのでは、心のなかで育まれている魂はどんどん汚れていき、霊界入り後、天界神聖界へと昇ることなど絶望的に不可能となってしまいます。

しかし、動物や悪魔の心を併せ持っているにしても、私たち人間は神に通ずる心も持っているのですから、自分の心の間違いに気づくことはできるはずです。

「ああ、今日はあの上司に叱られてついムッとしてしまった。反発する心を押さえることができなかったなぁ」

「今日はどうして仲良しだった友人に冷たい態度で接してしまったのだろう。友人が仕事でよい成績を上げたので、きっと私は妬みの気持ちを持ってしまったんだなぁ」

「今朝、夫が出掛けるとき、今夜はなにが食べたい？　と聞いたとき、そんなこと、いまからわからんよと言われて、『なによ！　私だっていろいろ考えているのに、あなたはまったく感謝もしてくれないじゃない。わかった。もうあなたの夕食なんて用意しない！』なんて怒鳴ってしまった。主人は私と家族のために毎日働いてくれているのにあんなことを言ってしまって、ああ、私ってなんていやな女だろう……」

「今日もまた忙しさでイライラして子供に八つ当たりしてしまったな。これじゃ母親失格だわね」

「さっき買い物帰りにお隣の奥さんと会ったとき、彼女があまりにも夫や子供の自慢話ばかりするので、『なによ偉そうに』とつい反感を持ってしまった。あんな気持ちはきっと悪想念に違いないわ。私もまだまだ未熟だなぁ」

いろいろと挙げればきりがないほど、私たちは日々間違った心で、間違った言動をしてしまいます。動物の心を持った人間だからそれは言ってみれば仕方のないことでしょうね。問題はその間違いに気づいたときどうするかです。もちろん暴言を吐いたり冷たく接したりした相手には、次の機会に必ず謝罪することは当然ですが、心の間違いに気づいたら、そのときにすぐ神に対して心の反省を行なうことが大切なのです。

「神様、私は悪想念にとらわれて間違った言動をしてしまいました。申し訳ございません」と心から反省の祈りを捧げましょう。そして同時に自らの魂(魂の親様)にもお詫びをすることです。「人間である私の心の間違いで親様を苦しめてしまいました。申し訳ございませんでした」。そして、神に祈りを捧げ、自らの心と魂に神の御心（神のエネルギー）を頂きましょう。

間違いを正すのに遅い早いはありません。戸惑っていないで、気づいたらすぐに反省の祈りを捧げることが大切となります。

日神会の教えの基本は「三善三愛」の心である

ここであらためて述べることもないと思いますが、宗教とは「宗《むね》」の「教え」です。「宗」という文字を漢和辞典で調べてみますと、「むね」と読む場合には「物事のおおもと」という意味を持つと説明されています(角川漢和中辞典)。すなわち、宗教とは、人々が平和で安らかな生活を送るための「おおもと」つまり基本的な心のあり方を教えるものだということになります。

また、辞書『広辞苑』によれば、宗教とは「神または何らかの超越的絶対者、或いは卑俗的なものから分離された神聖なものに対する信仰・行事。また、それらの関連的体系」とあります。

日神会は言うまでもなく「超越的絶対者」であり、「神聖」なる超神霊『聖の神』を信仰する宗教法人です。そして、日神会の宗教活動の基本が「人々の心身の救済」、そして「人々の魂の救済」にあることも、教祖隈本確や私隈本聖二郎のこれまでの著書を読まれた方はご存じだと思います。

日神会では『聖の神』の超神霊エネルギーを頂いて行なう天界道儀式によって、数え切れないほど多くの人々の心身の痛み苦しみを解消（救済）してきました。

また、会員となられた皆様には天界道神技（浄霊）や聖刹那神技（一瞬の強い祈りによって強制的に霊を浄化する方法：かつての強制浄霊）によって『聖の神』のエネルギーを頂き、ご自身の痛み苦しみばかりでなく、人様の痛み苦しみを解消する方法（聖の神の御技）も指導してきました。それらの『聖の神』の神のお力による神技によって、すでに多くの会員の方々が、家族や友人、知人、あるいは依頼者の人々を救済してこられていることは疑いもない事実なのです。

では、日神会は超神霊のエネルギーによって人々を救済するだけの宗教でしょうか。

そうではありません。

「宗教」とは「宗」の「教え」――。

人々が安心して穏やかな日々を過ごしていくための心のあり方を伝奏していくのも宗教の使命なのです。したがって、日神会の『聖の神』を信仰する皆様に、どこに心を向け、どのように生きていったらよいのか、それを伝えるのも日神会の大事な宗教活動となるのです。

では日神会が理想とする正しい心のあり方とは、いったいどのようなものなのでしょうか。教祖が天界神聖界へ入られたのち、私はその答えをずっと神々に祈って求めてきました。その修行のために「こんな心身の状態ではたして飛行機に乗れるだろうか……」と思うほどの心身の苦しみを味わってきたのです。

そうしたある日、その答えをふっと天界神聖界にあられる教祖神から頂くことができました。

――会員信者の方々が霊界へ旅立ったとき、絶対に低級霊界へは行かせない。そのためには「三善三愛」すなわち謙虚、礼節、敬い、そして愛し、慈しみ、尊ぶ、その心を自ら育むようにと、このことを真剣に伝えるのが日神会の宗教である。その「三善三愛」の心のあり方を会員信者の方々のみならず、その家族の方々、ひいては全人類に伝えることが日神会の使命であり、究極の理想である。

教祖神のお導きはこうしたものでした。

ここではっきりと述べておきましょう。日神会の教えの基本は「三善三愛」の心にあるのです。「三善」すなわち謙虚、礼節、敬い。「三愛」すなわち愛し、慈しみ、尊ぶ。これは言葉で言うのは簡単ですが、つねにこうした心を持ち続けることは、動物としての肉体を持ち知恵をもつ人間にはそれほど易しいことではありません。しかし天地創造「素の神」の分け御魂である「魂」（心）を持っている人間であれば、誰にでもこうした心を育むことはできるはずです。なぜなら、それが「魂」の望む心のあり方だからです。

「自分は悪想念ばかりが心に湧いてきてどうしようもない。これではとても三善三愛の心など持てるわけがないのではなかろうか？」

そうした疑問を抱いてはいけません。「自分にも必ず正しい心は持てる！」と信じ、自分の魂（魂の親様）に誓っていただきたいのです。そして、つねに『聖の神』を想うと同時に、心のなかで深い祈りを棒げ神のお力を頂かれてください。


皆様は「一日一善」という言葉を聞いたことはあるでしょう。一日に一つでもいいから善い行いをしようということですね。では善い行いとはなんでしょう。ちょっとした善意、たとえば満員電車でお年寄りに席を譲る、大きな荷物を持ってバスに乗ろうとしている妊婦の方を助けて座席まで荷物を運んであげる、エレベーターの前に体の不自由な方が並んでいたら脇へよけて先を譲ってあげる、手押し車にすがってスーパーで買い物をしている近所のおばあさんを見たら「おばあちゃん、お元気そうでよかったわ。ゆっくりと気をつけて歩いてくださいね」と声をかける、道路で転んだ小さな子供を目にしたら「大丈夫？ 泣かないで一人で立てるかな？」と励ましてあげる……。こういった些細なことでも善い行いには違いありません。

誰にでもできるこうした行為は、いったいどこから出てくるのでしょうか。「三善三愛」の心があれば自然に生まれてくるものなのです。

人様になにかをしてあげること、そして「ありがとう」と言ってもらえること、それだけで相手の方ばかりでなく自分もとても幸せな気持ちになれるはずですね。「三善三愛」の心は皆様に、そしてまわりの人たちに、さらには世界中の人たちに幸せと平和な人生をもたらすものなのです。

ここで「三善」のなかの一つ「謙虚」について考えてみましょう。たとえば会社で素晴らしい業績を上げ、社長に褒められたとします。そこで「俺はやっぱりよくできる男なんだ」と心のなかでふんぞり返ったのでは傲慢そのものですね。

逆に「これもみな、部下の者たちが課長である私を支えて一生懸命に営業活動に励んでくれたおかげだ」と考え、部下の一人ひとりに「ありがとう」と感謝の言葉をかけたらどうでしょう。これが謙虚な心というものなのです。

感謝——。

これも非常に大切なことです。「今日も一日、無事に過ごすことができました。これも神の御加護のおかげです。ありがとうございます」と、神に感謝の祈りを捧げる……。混迷を極める現在の世の中、一日を平穏に生きることができるということ、それ自体が神に与えられた奇跡であると私は思っています。

皆様も日々、神に対してはもちろん、上司や同僚、部下の人たち、あるいは家族の人たち、そして周囲の人たちに対する感謝の心を忘れることなく胸に抱いて、毎日を穏やかに明るく過ごしていただきたいものです。そして「三善三愛」の心を少しでも深く持てるように心がけていただきたいと思います。そのことが皆様の魂（魂の親様）の向上にもつながり、ひいては肉体の衣を脱ぎ捨てて霊界入りしたのち、速やかに上界へ、天界神聖界へと昇っていくことができる魂を育むことにつながるのです。

日神会の教えの基本は「三善三愛」の心――。

皆様にその「おおもと」の心を持って生きていっていただくこと、それが私の願いであり、祈りでもあるのです。

Part

3

永遠の神への祈り

無常なる人の世を神にすがって生きる

現世を生きるすべての人間は、自分の人生が幸福であることを望んでいます。それは当然のことであって、不幸になるために生きようとする人などいるはずがありません。生きる目的を単純に言ってしまえば、幸せの追求ということになるでしょう。しかし、そのことを日々自覚しながら生きている人はほとんどいないでしょう。幸せを望むのはいわば本能の如く当たり前のことで、幸せになろう、幸せになろうと意識して暮らしている人は少ないはずです。言い換えれば、多くの人は自分の本当の幸せとはなにか真剣に考えたことがないのです。

戦国の世を生き抜き、ついに征夷大将軍となって天下を手中に収めた徳川家康は「人生とは重い荷を担いで坂道を上るようなものだ」と言ったそうですが、現実の世の中、幸せを感じるどころか、明日の糧を得るために必死に働いている、我が身に降りかかった辛さを乗り越えるために必死に生きている、そういう人間がいかに多いことでしょうか。

人の世は儚いもの。泡沫のような一生です。その儚い時間のなかで、人間は泣いたり笑ったりして生きています。そして泡沫の人生を終えます。その短い人生のなかで、心身の病に苦しんだり、生きる不安にさいなまれたり、他人に対する嫉妬や羨望を感じたり、憎悪や怒りに翻弄されたりと、さまざまな感情にとらわれつつ、人は暗闇のなかを手探りで歩くように迷いつつ生きているのです。

人の世の幸せが栄耀栄華《えいようえいが》にあると考えるのも、また貧困のどん底にあるから不幸であると感じるのも、大きな視点から見たら錯覚に過ぎず、幸も不幸もしょせんは砂の上に築かれた幻に過ぎません。しかし、その砂上の楼閣にありながら、生身の人間は些細なことに一喜一憂し、幸せを感じたり不幸を感じたりしながら、揺れ動く心を持てあまして生きていかなくてはなりません。

多くの人たちは喜びと悲しみの心のあいだを、川に落ちた木の葉のように揺れ動きながらさ迷い流れていきます。そのように一日として魂の平安を得ることなく一生を過ごした人の魂は、あの世へ旅立ったのちもどこを目指したらよいのか、どうしたらよいのかと、果てしない霊界をさ迷い続けることになるでしょう。

さて、そこで幸せとはなにか。それは、いかなる困難や苦しみに対しても自己を見失うことなく、生きる心の方向をしっかりと持っているということでしょう。言い換えれば、どのような困難、事態にぶつかっても決して心がぶれないということです。確固とした自分というものを持つことと言ってもよいかもしれません。

仕事に対しても、恋愛に対しても、結婚に対しても、家族に対しても、友人に対しても、自分自身の心を見失うことなく筋の通った心の生き方を貫き通す人間こそが幸せというべきでしょう。

しかし、それこそ「言うは易し行うは難し」で、そうした強い生き方のできる人間はわずか一握りに過ぎません。いや、じつは一人もいないのではないでしょうか。なぜなら、本来人間とは弱いものだからです。人類の未来を切り開くような偉業を成し遂げた人でも、自己の歩む道はこれでよいのかと悩み抜いて生きたはずです。一国のリーダーと呼ばれる人も、絶えず自己の行動に疑問と逡巡と後悔を繰り返して日々を送っているはずです。戦国時代に天下取りの野望に燃えた武将たちも、苦悩と恐怖と悔恨にさいなまれながら生きていたことでしょう。

生きるということは迷うことだと言っても過言ではありません。人間の一生は狭い迷路を風に吹かれながらさ迷い歩き続け、そしてなんら当てのないまま滅びていくものだと言ってはあまりにも酷いでしょうか。

そうした人間を迷いの世界から救い上げてくださるのが「神」であり、その神にすがって弱い自分を救っていただくというのが「信仰」です。神は救いを求めてすがりくる者に手を差し伸べてくださいます。自分では解決できない苦悩にも、人間は神にすがることで耐えられるのです。神は強大なる御力と大いなる愛の御心を有している絶対的な存在であられます。ですから、どのような人間の苦悩も救ってくださるのです。

徳川家康が言った人生の「重い荷物」。この荷物に苦しむ人間が「あまりに重くて肩がちぎれそうです。神様、どうかお力をください。お願いします」と祈ることで、神は肩の荷を軽くしてくださいます。いや軽く担える力を与えてくださいます。これが神の御力であり、信仰の力なのです。現実は苦しみの海であり、人は苦悩の海に木の葉のように漂っているのです。その苦難の海から脱出するために神に祈るのです。その祈りが心からの真剣なものであれば、神は必ず応えてくださるでしょう。

人の世は無常なものであり、不安定で頼りないものです。絶えず移ろい流れていくものです。では確かなものとはなんでしょう。確かなもの、不動なもの、それは「神」であり、神のお示しになる「神理」のみです。人は神への信仰によって永遠の平安、永遠の幸せを得なくてはなりません。悩める人たち、苦しみの海に溺れている人たち。どうか神の御許である『聖の神』のもとへ参拝なされて、ひたすら祈り、ひたすらに頼っていただきたい。それが日神会の祈りなのです。

信仰で得る幸せは未来永劫、永遠である

人間世界のあらゆる現象は絶えず移ろい変化します。人間の心も、動揺と錯乱を繰り返しつつ、期待と不安のなかで生きる方向を模索しています。つかの間の喜びのあとにくる悲しみに戸惑う日々の暮らし……。心は平安を求めて絶えず震えているのです。

なぜ人は神にすがるのでしょう。信仰にはなぜ平安があるのでしょう。

その理由はいたってシンプルです。神は揺るぎないからです。神は安定しているからです。神理は不変だからです。神の人間に対する愛の御心はつねに変わりません。神を頂くあなたの愛は不変です。神の大きな愛の御心に身を委ねる以上に幸せな生き方があるでしょうか。神はいかなる苦しみも癒してくださいます。いかなる悲しみも癒してくださいます。神と共にある限り死も恐れることはありません。神を信じる者の強さはそこにあるのです。

ただ、人々が日常の暮らしのなかで明確に意識していないのは「未来永劫の幸せ」ということです。多くの人は現世さえ幸せであればよいと思っているようですが、その考えは間違っています。つかの間の現世での人生のあとに、人は未来永劫の世界、すなわち霊界へと旅立たなくてはならないのです。霊界に入ってからの無限の時間に比べれば、この世に生きた時間など一瞬に過ぎません。ほんのつかの間の現世の幸せだけに汲々として人生を終えるのは大いなる誤算なのです。

日神会の守護神は『聖の神』です。『聖の神』へ日夜祈りを捧げるのは、現世の幸せを願うのみならず、神の御力を頂くことで自己の魂の浄化を図り、いつの日か肉体という衣を脱ぎ去って「魂」のみの存在となったとき、迷わず霊界の上方へと進み、最高位に達するためです。天地創造「素の神」の御許、さらには『聖なる御魂親様』の御許である天界神聖界を目指して向上していくためなのです。幸せは現世のみに存するのではありません。霊界での幸せこそが真の救いであり、安らぎなのです。すなわち肉体は儚く、魂は永遠なのです。

肉体には寿命があり、誰一人、霊界入りを拒否することはできません。未来永劫の霊界。その霊界に比べて現世での暮らしは短いものです。まさにこの世は仮の住まいであって、あの世（霊界）こそが人間の永遠の住処なのです。肉体は時至れば消滅し、魂こそが永遠につながっています。ですから、短い現世での生活は、未来永劫の霊界で幸せな生活を送るための修行期間、準備期間と言えるのです。「霊主体従」についてはすでに述べましたが、「魂」という主役に栄光を与える本番のドラマは「霊界」という大舞台で幕が開き演じられます。現世で過ごす時間は、その本番のドラマを悔いなく演じるためのリハーサルといえるでしょう。

霊界で素晴らしいドラマを演じるために、人々は現世で自らを浄化してあの世へ旅立っていかなくてはなりません。現世において神に近づく努力をしながら生涯をまっとうした人には、霊界での未来永劫の幸せな暮らしが約束されるのです。それが大霊界の法則なのです。

霊界へ入り、魂だけの存在となったとき低級霊となり、地獄、魔界へと入り苦しんでいる霊は数しれません。その姿はあまりにも哀れで悲惨です。来る日も来る日も薄明の世界を何百年、何千年とさ迷い続けている霊もいます。こうして低級霊界へ堕ちた霊魂は、時として自分の苦痛を現世の人間に訴えるために、現世で健気に生きている子孫や霊媒体質の人に憑依し、心身に苦しみを与えることになります。霊障を受けた子孫の暮らしは悲惨なものです。まさにこれは悲劇の大霊界ドラマなのです。憑依する霊は現世で自己責任を果たせなかった霊であり、そのツケを現世の子孫（人間）に回してくるわけで、理不尽と言えば理不尽な話ですが、大霊界の法則であればこれも仕方のないことです。

理想的な生涯は、現世にあるときから神を信じて魂の浄化を図り、魂だけの存在となったとき霊界の段階を高みへ高みへと上りつめ、最高の天界神聖界へとたどり着いて、安らかで平穏で至福の生活の場を得ることです。それが真の大往生ということでしょう。

日神会の『聖の神』を信仰するということは、現世での修行をまっとうし、『日神会初代会長隈本確』が創造なされた「天界道」という偉大なる尊道へ入り御魂の祈りによって向上し、天界神の座を得るということです。現世において質の高い祈りに満ちた清らかな信仰の生活を続けることによって、天界神聖界への聖道である「天界道」を迷うことなく上っていくことができるのです。

人間はこの世の幸せだけを考えていてはいけません。誰もが、肉体消滅後の魂の行方について深い想いを抱いて生きなければなりません。この世での人生以上に、あの世の自分に想いを巡らせて生きなければなりません。なぜなら、あの世、すなわち霊界での最高の暮らしと平安こそが「未来永劫の幸せ」だからです。そしてそれこそが日神会における「真の幸せ」なのです。今からでも決しておそくはありません。日々のあなたの生活の中で、いつも神を心で想い、神を心に頂き、神と共に生きる心の生活をお送りになられ、霊界へと旅立たれた後《のち》は、なんの迷いもなく天聖「天界道」へお越しになられ、霊界最上位である天界神聖界を目指されてください。

『聖の神』の救いは「魂」にこそ頂くものである

前項でも述べたように、私たちの人生はこの世が終わればすべてお終《しま》いというわけではありません。この世の終わりはただ単に肉体の消滅に過ぎず、魂はあの世、すなわち霊界で未来永劫生き続けるのです。何度も繰り返しますが、肉体生命は儚く、魂の生命は霊界、大霊界において永遠に不滅なのです。

「霊主体従」は魂こそが真の自分であり、魂こそが永遠の生命をもって大霊界へ行くことを理解すれば、『聖の神』の救いの御力は肉体の安らぎのためというよりも、むしろ魂にこそ頂かなくてはならないということがおわかりいただけるでしょう。魂が救われない限り、真の救いはないのです。別の言い方をすれば、この世の幸せは真の幸せではありません。霊界入り後の幸せこそが真の幸せなのです。

肉体は物質であり、いつかこの世から消え去るときがきます。これは自然の摂理でもあります。しかし、魂は永遠に生命を有する存在です。神の御加護の御力を頂くことによって魂は光り輝き、大霊界において、ますます高い霊格を持つ存在として上界へと上がっていきます。したがって、日神会の宗教活動のおおもとは「魂の浄化と向上を図ること」にあります。浄霊によって、霊界から救済を求めてくる迷える霊を救済し、同時にその人に内在する魂を浄化し霊格を高めること。それが日神会の浄霊儀式なのです。

魂の霊格が高くなると、日々の暮らしにさまざまな奇跡を顕すことができます。向上した魂が導いてくれるのです。自分の魂が救済されることで、神に近づく道が整えられます。神と同化した魂はさまざまな不思議な力を発揮して現実を変えていく力を人に与えてくださります。

例えば、霊障によってもたらされた症状が改善すると同時に、それまで思うようにならなかった人生が好転します。さらに、それまでいくら考えても解決できなかった問題への答えが、ふと、ひらめきのように浮かんでくることがあります。それこそ大霊界の法則があの世とこの世に適用されて、現実を変えていく奇跡の表れなのです。あの世とこの世は連動しているのです。

魂が永遠であるということを知らない人の魂は、肉体の消滅時に戸惑ったり深い悲しみを抱いたりします。しかし、大霊界の法則を知っていれば、現世での死は単なる肉体の機能の停止であり、取り乱すことも悲しむこともないのです。魂は永遠に『聖の神』と共にあり、魂は永遠に不滅なのですから。

肉体から解放された霊魂は天界道に入り、祈りによって聖なる天界道を上方へ上っていけばよいのです。そこには崇高なる神の世界が、さらには大霊界最高の至福に満ちた天界神聖界の糸金の風景が繰り広げられていることでしょう。超神霊の神々が微笑みかけ、天地創造「素の神」が、『聖の神（聖なる御魂）』が輝くような祝福の笑みを投げかけてくださることでしょう。「我が子よ、我が御許に帰りなさい」。それが最高神の願いであり、神は我が子の帰着をなによりも望んでおられるからです。

『聖の神』への信仰は、死んだらお終いというわけではありません。魂のみの存在となってからこそが真の信仰のはじまりなのです。『聖の神』を信仰するということは、この世でもあの世でも『聖の神』と共にあるということなのです。

神への信仰と感謝の祈りは至福の喜び

これは私がつねに会員の方々にお話ししていることですが、守護神『聖の神』

からエネルギーを頂いたら必ず「ありがとうございました」という真心からの感謝の祈りを捧げてくださいと。

たとえば、会社の同僚から「すみません、この仕事を手伝っていただけないでしょうか」と頼まれ、一心に手伝ってあげたあとで「ものすごく助かりました。本当にありがとうございました」と心から感謝されたら、きっと手伝った方のほうの心も喜びに満たされ「またなにかあったら手伝ってあげよう」と思うことでしょう。

仕事から疲れて帰って来たご主人に、奥様が誠心誠意、真心を込めてつくった食事をテーブルに並べました。その食事をご主人がさも満足そうに食べながら「ありがとう、とても美味しいよ」と感謝してくれたら、奥様の心も喜びで満たされることでしょう。

しかし、同僚のために仕事を手伝っても、「あ、ありがと」とそっけなく言われたり、ご主人のために一生懸命に食事の用意をしたのに、ご主人はなにも言わずにむすっとしたまま料理を食べていたりしたらどうでしょう。

「もう二度とあの人の手伝いなんかしたくない」

「主人が疲れているのはわかるけど、あんなにむすっとされるくらいなら、買ってきたお惣菜で充分だわ。もう食事をつくってあげる気にもならないわ」

人様になにかをしてもらって感謝の心も持たず、ありがとうの言葉もかけないとしたら、これは人として失格ではないでしょうか。

これと同じように神に対して「お願いしま〜す」と祈りを捧げて救いを求めながら、その神への感謝の祈りを忘れてしまっては配慮に欠けてしまいます。それでは正しい信仰の姿勢とは言えません。そうではなく、日々神への感謝の祈りを捧げる心の生活を送っていれば、大切なご家族やまわりの方々に対しても口先だけではない、心の底からの感謝の想いが自然と湧き上がってくることでしょう。

その感謝の心、感謝の想いによって、ご家族やまわりの方々の心も満たされ、きっと喜ばれるに違いありません。そして、その人の心のなかで育まれている魂（魂の親様）も至福の喜びを感じ、ますます神格（霊格）を向上させられ、その方の心に、知恵に、肉体に能動的に働きかけてくださり、人生を良い方向へと導いてくださることでしょう。

「自分信仰」は地獄の苦しみ

私は会員、信者の方々に「自分信仰」は傲慢、高姿勢の表れだと伝奏しています。会員、信者の方々には人様の霊の障りによる痛み苦しみを解消して差し上げる「聖の神の御技（他者浄霊法）」を指導しておりますが、その方法で相手の方に神の御力を頂いて苦痛を解消して差し上げることができたとき、前項で述べた「神への感謝」の祈りを捧げることも忘れて、まるで「俺が治したんだ」「私が治してやったんだ」などと無意識にでも思ってしまったら、これは傲慢、高姿勢の心以外のなにものでもありません。その「俺が」「私が」という心のおごりを、私は「自分信仰」と呼んでいるのです。「自分信仰」は「悪魔信仰」となりますから、何事においても、「俺が」「私が」という想いを持ってはなりません。

『聖の神』のエネルギーによって人様をお助けすることができたのですから、「ありがとうございます。心より御礼申し上げげます」と感謝の祈りを捧げるのが当たり前ではないでしょうか。つねに神への感謝の想いを持ち、謙虚、礼節、敬いの心で生活していれば、急に襲ってくる心身の痛み苦しみも日神会が指導している「聖刹那神技（強制浄霊法）」によってすぐに解消できますし、大切なご家族や友人、知人の方の痛み苦しみも「聖の神の御技（他者浄霊）」で即座に解消してあげることができるのです。

こうした自分自身や人様を救済する天界道神技あるいは聖の神の御技は、すべて『聖の神』の御力、エネルギーによってなされるのですから、その御加護に対する感謝の想いを持つことができなければ、自分の魂（魂の親様）も霊格を落とされ、果ては地獄の苦しみを味わわれるかもしれないのです。

日神会の神技ばかりでなく、何事においても「自分信仰」は避けなければなりません。仲間が一緒に力を合わせて成し遂げた仕事であるにもかかわらず、「俺が頑張ったからだ」とか「私の力がなかったら仕上げることなんてできなかったに違いない」とか、そんな想いを持ったらこれは傲慢、高姿勢そのものです。みんなのおかげで成し遂げたんだという感謝の想いを持つことが大切なのです。何事

自分信仰は
傲慢・高姿勢の
表れです
聖
自分信仰
＝
悪魔信仰
霊障を
治したのは私
人様を救済する
天界道神技や神の御業は
『聖の神』のエネルギー
です

も一人の人間の力では成り立ちません。助け合い、感謝し合う、その精神が自分の心に喜びと幸せをもたらすと同時に、魂（魂の親様）の霊格向上にもつながるのです。

大霊界の掟は「自己責任」

前述のように、現世において『聖の神』を信じ、祈りの生活を送った方は、つねにそのあなたの心は、神と共にあり、霊界に入っても神の御心のなかにいることが可能となるでしょう。しかし、神への信仰をおろそかにしていた人、ましてや霊的存在自体を認めなかった人、あるいは神に好まれない心の姿勢で現世を過ごした人、そうした人は魂だけとなったとき決して上界へ上がることはできず、逆に低級霊界をさ迷い、場合によっては地獄霊界へ堕ちて阿鼻叫喚の苦しみを味わうこととなります。これはすべてその人の「自己責任」です。これが厳しい大霊界の掟なのです。

日神会の教えはあの世とこの世につながるものであり、あの世とこの世を切り離した生き方のなかには真の幸せも安らぎもありません。

日神会の会員、信者の方は別として、ほとんどの人は大霊界の法則に、心して向き合って生きてはいないでしょう。その混乱ぶりは気の毒なほどであり、その姿はまことに憐れむべきものです。肉体の消滅、すなわち死によって肉体を離脱した魂は、ただ遺体のまわりや住んでいた家のまわりをウロウロし、焼かれた自分の肉体の骨片を未練がましく撫でさすったり、骨壺の上を行ったり来たりしています。

現世で肉体が活動していたときの家族も、幼馴染みも、近隣の関係者も、ほぼ霊魂と交流できる方はいないでしょう。次元が異なるのですから通常の通信手段が通用しないのは当然です。孤独な霊魂に気づく方はいないでしょう。やがてパワーも尽きようとしますが、魂は肉体のように消滅して元素に還るわけにはいきません。苦しみながら、来る日も来る日もさ迷い続けるのです。そして、なすべもなく低級霊界へと落ち、流されていくでしょう。

低級霊界は安楽な場所ではありません。低級霊ばかりがうごめく苦痛と苦しみの世界です。現世において神や神霊を信じなかった悲しき霊は、現世で迷いの日々を送った後、霊界でも迷いの日々を永遠に送らなくてはなりません。かつて肉体の衣をまとっていたときに神霊の存在を無視し、大霊界の法則を一顧だにしなかった報いというべきでしょう。前述したように、霊界で迷うのも、「天界神聖界」に到達して永遠に至福の生活を送るのも、ひとえに自己責任なのです。

日神会は祈りの宗教である

日神会は大霊界の法則が教えの根本であり、実在する超神霊聖地恩祖主本尊大神、お呼び名『聖の神』を守護神として信仰する祈りの宗教です。単なる人間の理想や理論を信仰するものではなく、現実に神の強大なエネルギーを祈りによって頂き、その御力によって苦しく辛い現実を改善し、自らの魂を浄化、救済し、向上させていく宗教です。

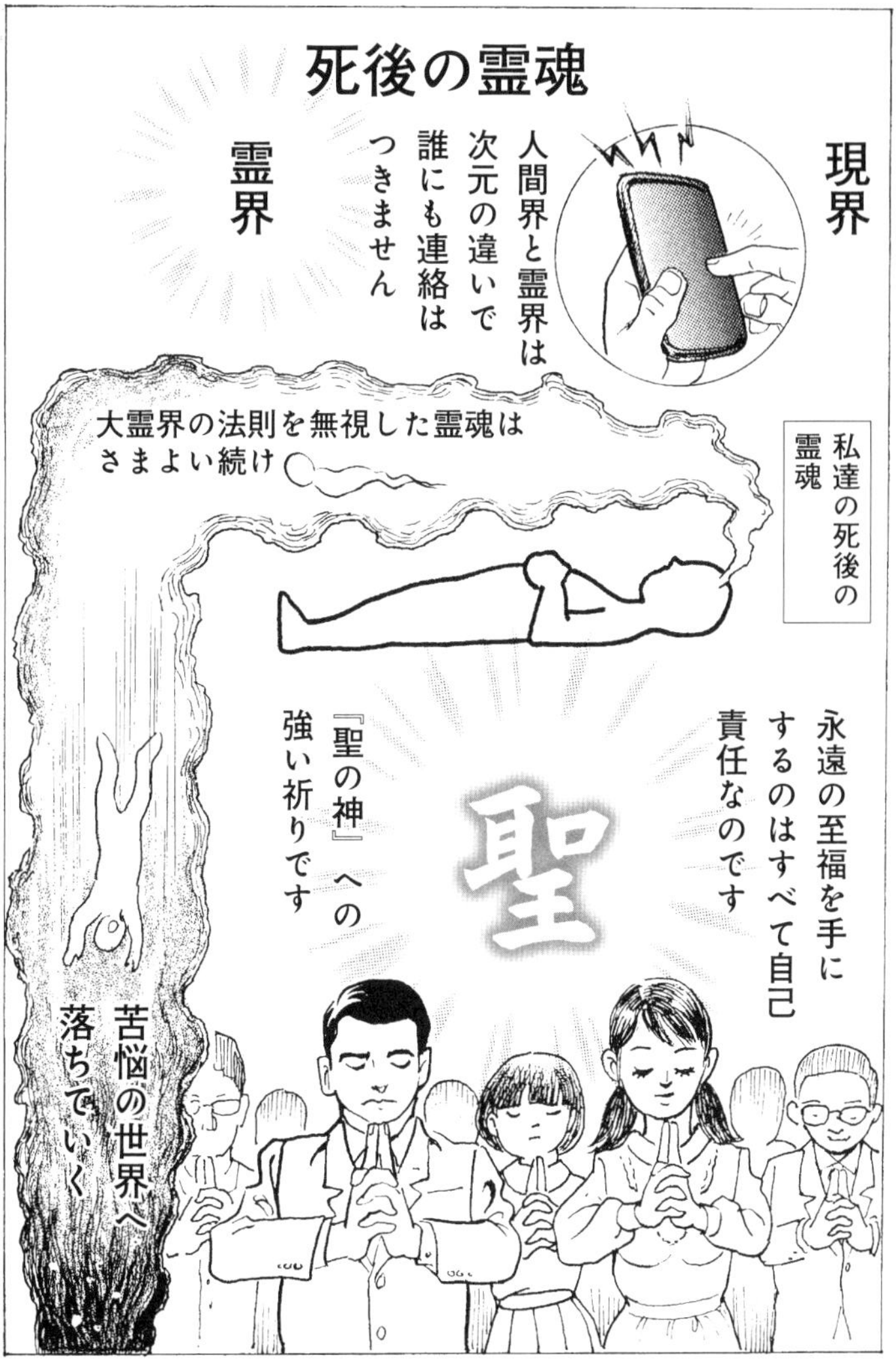
死後の霊魂
現界
人間界と霊界は次元の違いで誰にも連絡はつきません
霊界
大霊界の法則を無視した霊魂はさまよい続け
私達の死後の霊魂
永遠の至福を手にするのはすべて自己責任なのです
『聖の神』への強い祈りです
聖
苦悩の世界へ落ちていく

霊の障りによって苦しむ人々にはその症状の解消を現実のものとし、不本意な生活を強いられている人々には『聖の神』の英知を頂くことで人生の好転をもたらし、心の悩みに苦しむ人々には大いなる愛の御心で心の平安を与えます。それらすべては当人の深い祈りによってもたらされるのです。

日神会は祈りの宗教。実在の神に対して現実を改善するエネルギーを頂くために祈る、祈る、祈る……。そして『聖の神』の御命、エネルギー、英知、御心を頂くのです。現に何万人、何十万人という人が、浄霊（天界道儀式）を受けられ、また自らの祈りによって御力を頂くことで実際に救われています。会員、信者のなかには日神会を奇跡の宗教だと賛辞を述べる人もたくさんいますが、決して奇跡なのではありません。神の御力の顕れが奇跡に見えるだけなのです。大霊界の法則からしますと当然の出来事なのです。

当初、日神会は病気に苦しむ人々の救済を中心に宗教活動を続けてきました。人はそれを「神霊治療」と呼びました。たしかに病気が治るのですから「治療」というのも当を得た呼び方ではあります。しかし、日神会の浄霊は神のエネルギーを頂くことによって、単なる治療ではなく、浄霊、浄化によって、病の因子である霊を取り除くものなのです。

もちろん現在でも病の症状の解消は行なっていますが、なぜ痛み苦しみの解消を主に行なってきたかといえば、即座に病から救済することによって神の実在を心身で実感していただけるからです。また、病による苦しみは人間の苦悩のなかでももっとも大きなものであり、この苦しみを救うことが神の御心に適っていたからでもあります。

あらためて力説することでもないのですが、『聖の神』の教えの真髄は病気治しだけではなく、完全なる人間救済にあります。肉体とそこに内在する魂の完全救済です。そのことによって、肉体の衣を脱ぎ捨てて霊界入りした魂も、霊界でさ迷うことなく「天界道」のなかを祈りによって向上していけるのです。現世の肉体人間のみならず、霊界に入った魂をも永遠に救済するという宗教が日神会なのです。

日神会は「魂」を重視する宗教です。「魂自体を救済しなければ完全なる幸せというものは存在しない」ということが根本にあるからです。迷える魂、邪霊、悪霊を浄化して天界神聖界へ導き、現世にある人の苦痛を除去し、同時に現世にあるうちにその人の魂を浄化する。それが日神会の浄霊であり、祈りなのです。

祈りとは神との対話です。祈りの目的は次の四つに尽きるでしょう。

一、神に近づくための知恵とエネルギーを頂く祈り（魂の浄化）

自分に禍をもたらし平和な生活を乱そうとする悪霊や邪霊を排除していただき、神の強大なエネルギー（神霊力・神の英知）を一身に頂き、自らを神の御心に近づける祈りです。『聖の神』の偉大なる御力で自己の魂を浄化し、精神世界を活性化させることで自己を向上させていく祈りです。すなわち、祈りによって人知を超えた神の英知を頂き、我欲や動物的な欲望を神の心で制御し、高潔無類の神気を体内に呼び込むのです。

二、神に現実改革を願う祈り（神と共に生きる祈り）

現在、自分にのしかかっている悩み苦しみを取り除いていただき、平和で安らかな生活をもたらしていただくための祈りです。病気に苦しむ人は浄霊によって霊障を排除し、健全な心身を取り戻さなくてはなりません。また、なにをやってもうまくいかない人は、自分の運命の改善を祈ることで神に新しい現実をもたらしていただくのです。心の歪んでいる人は、素直な心を取り戻すために祈ることです。どんな絶望的な現実であっても、心からの祈りであれば『聖の神』は救いの手を差し伸べてくださいます。

三、自分を守護してくださる神に感謝を捧げる祈り

霊障や災難から我が身を守ってくださり、幸せな生活を与えてくださっている神に対して、心からの感謝の祈りを捧げることです。人間は自分の力で生きているつもりでも、実際は大いなる神の愛によって生かされているのです。昨日も今日も無事に生活できたのは神の御守護によるものなのです。そのありがたい御守

護に対して、神に深い感謝の気持ちを捧げるのが正しい信仰の姿です。食事のとき、就寝前、あるいは電車のなかでも、歩いているときでもよいのです。いかなるときでも感謝の祈りを忘れてはなりません。

四、反省の祈り

弱い人間として犯してしまった神への背徳や間違った生き方を神の御前で反省し、神の愛の御心へ少しでも近づくための祈りです。人間である限り、過ちと無縁に生きていくことはできません。意識して犯す罪はもちろんのこと、自分では意識しないうちに神の御意思に背いた生き方をしているかもしれません。静かに自らの心を省みて一日の言動を振り返り、自らの発したマイナスの心に気づいたら、そのことを深く反省し、神に許しを乞わなくてはなりません。神は広く深い愛の御心で反省する者を許してくださいます。過ちを正すのにためらうことはないのです。

日神会は祈りの宗教です。つねに神を想う心で生きること、つねに神と共にあると信じて生きること、つねに祈りの心で生きることです。

祈りの基本は「一命心体」と「神想真命」の想い

日神会が祈りの宗教であることはおわかりいただけたかと思いますが、では「御力をください。お願いしま〜す」と神に祈るとき、私たちはどのような心境にあるべきなのでしょうか、どのような心の器を持つべきなのでしょうか。ここで私たちが目標としている想いのあり方、「一命心体」また「神想真命」について述べておきましょう。

「一命心体」とは、『聖の神』と自分とは一心同体であると心の底から信じることです。また、「神想真命」とは、「真（まこと）の命」すなわち真の自分「命の核である魂」で神を想うということです。少し難しい言葉かもしれませんが、要するに一生懸命、命がけで祈るということです。また、もう一つ「我、最高の神なり」

「我、『聖の神』なり」と深く想うことも大切なこととなります。自分はつねに神と共にあると信じ切ることで、神はどんなときにもあなたに寄り添ってくださり、温かい愛の御心であなたを包んでくださるということです。

日神会の熱心な信者のなかには、朝目覚めるとすぐに『聖の神』に「今日も御加護をお願いしま〜す」と祈り、朝食の前にも「今日もお食事を頂き、ありがとうございます」と祈り、また出勤する際には「今日も健康で精一杯働けますように」と祈り、車で走行中にも「どうか事故に遭いませんように、安全運転ができますように、御力をください。お願いしま〜す」と心のなかで祈る……、というように、なにをしていても、どこに居てもつねに心に神を想っている、神に祈りを捧げているという生活をなさっている方も多くおられます。

そして、例えば、運転中に危うく接触事故を起こしそうになった瞬間、「聖の親様！」と強く想うことで救われたとか、マンションの玄関を入ろうとしたとたん、「行ってはいけない！」という想いの声が聞こえてはっと立ち止まったとたん、目の前に金属製の物干し竿が落下してきて、危うく災難を避けられたとか、そうした奇跡的な体験をなさった方もたくさんおられます。

いかがでしょう。神と共に生きるということの意味をおわかりいただけましたでしょうか。「一命心体」「神想真命」という言葉にも納得していただけたのではないでしょうか。

「神よ！」と想うとき、神は確実にあなたと共にいらっしゃるのです。神を想い、神に祈る生活を送るとき、そこには平穏で幸せな人生があり、幸せな老後があり、そして幸せな霊界への道が開けているということなのです。

『聖の親様』、今日も御命をありがとうございました――。

『聖の親様』、今日もエネルギーをありがとうございました――。

『聖の親様』、今日も英知をありがとうございました――。

『聖の親様』、今日も御心をありがとうございました――。

当然ながら、こうした神への感謝の心も非常に大事になってきます。神を想い、神に祈り、神に感謝する……。そうした毎日を送り、現世でも来世（霊界）でも幸せな人生が歩めるよう、あなたも神の道をたどってみませんか。きっと静かで落ち着いた心の平安が得られるはずです。私たち日神会の職員も、もちろんこうした心の生活をつねに心がけておりますし、皆様にもそうあっていただきたいと願っているのです。

人類の守護神『聖の親様』のご真体『聖』の文字。実際のご真体は真っ白にキラーっと光り輝いています。

Part

4

肉体死後は真っ直ぐに天界神聖界へ——

魂――この永遠なるもの

「人間五十年、下天の内をくらぶれば夢まぼろしのごとくなり、一度生をうけ滅せぬ者のあるべきか」

これは、かの織田信長が好んで舞っていたという幸若舞の一つ「敦盛」にある文言ですが、これにあるようにかつては「人生五十年」といわれていました。ですから四十歳にもなれば現役を引退して隠居し、あとは後継者に任せて自らは悠々自適の生活を送るというのが、江戸時代や明治、大正の頃の多くの人の望むところだったのです。めでたく六十歳すなわち還暦を迎えることができれば、家族、親族が集まって盛大にお祝いをしたというのも当然のことだったと思います。

ところが現在はどうでしょう。「人生五十年」どころか「人生八十年、百年」という高齢社会となっています。医学も薬学も進歩し、「健康長寿」という言葉も生まれ、元気で長生きをすることが大事だという時代が到来しています。

本書を読まれている方のなかにも七十歳、八十歳という高齢の人たちはおられることでしょう。八十歳を過ぎても自転車に乗って買い物に出かけるという方、仲間とゲートボールを楽しんでいる方、囲碁や将棋に熱中しておられる方、お孫さんたちが公園で遊ぶのをにこやかに見守っている方、俳句のサークルに入って吟行（作句、作歌などのため、同好者が野外や名所旧跡に出かけていくこと）を唯一の楽しみとしている方、あるいは「生涯現役」とばかりに企業の役員や相談役などで活躍しておられる方等々、元気《げんき》溌剌《はつらつ》とした高齢者の方はたくさんおられます。

最近、あるテレビ番組で、同じ老人施設で暮らしている双子の姉妹が元気に百歳を迎え、まわりの皆様に祝ってもらっているシーンを観ましたが、お二人ともとても百歳とは思えない明るいすてきな笑顔でカメラに向かっておられました。

かつて、「きんさん」「ぎんさん」というやはり高齢の双子姉妹が、共に百歳を超えてなお元気に過ごしているということで人気者になったことがありましたが、いまや百歳以上の方も元気なのは当たり前といった時代となっています。

しかし——。

しかし、そうはいっても、もちろん皆が皆、百歳を迎えられるわけではなく、哀れにも子供のうちに難病で亡くなることもありますし、三十代や四十代といった働き盛りにガンなどで命を落とすこともあるでしょう。現在、闘病中という方もおられるでしょう。

いったい自分は何歳まで生きられるのだろう？　その答えはそれこそ「神のみぞ知る」です。それでも「いつかは死ぬ」ことは確実です。「一度生をうけ滅せぬ者のあるべきか」です。生あるものは必ず滅する。これは大霊界の法則です。どんな生物でも命ある生き物は死を免れることはできません。そして、人間以外の生物は生命の終わりを迎えると、その遺骸は単なる物質として大地と宇宙へと還元されます。しかし、人間だけは「命の核」である「魂」を有していますので、肉体の死滅後は目に見えない「魂」だけの存在となり霊界へ入り、そこで永遠の生活を送る、これもまた大霊界の法則なのです。

さて、あなたの肉体が死を迎えたとき、あなたの魂は霊界のどの段階へ進むのでしょうか。参考のために霊界の段階図を一八三ページに載せておきますが、肉体の衣を脱ぎ捨てた魂はまず霊界のなかの「幽界」へと入ります。幽界では肉体を無くした霊たちが行く先を求めさ迷っています。しかし、生あるあいだ神と共に生きていたあなたであれば、その魂は幽界で右往左往することなく、一魂の魂としての精神（心）を持ち、その心の中で神を想い、神に祈ることによって幽界から上界へと向かうことができるでしょう。

上界は初階である薄青《たんせい》の座、中階である薄紅《たんこう》の座、そして上階である橙輝《とうこう》の座へと続きますが、さらに修行を重ねることで紫輝《しこう》の座へと進むことができます。この段階まで昇った霊はすでに単なる霊魂ではなく、神の世界へと導かれた神霊すなわち「神」となります。この段階まで進んだ霊（神）は現界とはすでに無縁となり、ただひたすら修行による修行を重ねていきます。そして神としての力を静《じょう》の座で磨き透輝《とうき》の壁を突き抜けることができれば、そこにはまさしく天界神聖界が開けています。

そこであなたの魂は絶対神、永遠の魂となって、天地創造「素の神」や「聖なる御魂」すなわち『聖の神』のために、そして大霊界の発展のために尽くす生活を送るのです。天界神聖界は素晴らしく清らかで、穏やかで、平和な世界です。そこで超神霊の仲間入りをしたあなたは、他の神々との交流を深め、神々と共に修行することでさらに高き神となり、いずれは「聖なる御魂」親様との合体を許されるかもしれません。

超神霊となったあなたは自由に大霊界を行き来し、他の高き神々と共に大霊界の向上、発展のために働く素晴らしい生活を永遠に送ることができるのです。

神に愛される魂を育む心の生活

前項で書いたように私たちの魂は、肉体の死後も霊界に入って永遠の生活を続ける永遠不滅の存在です。そして、人間がこの世（現界）に生を受け、霊界入りするその瞬間まで持っていたすべての心（精神）。その心（精神）は魂の衣となり、魂はその衣をまとって霊界へと旅立ちます。ですから私たちの心が清らかでなければ、魂も神の世界にふさわしい向上が果たされないまま霊界へおもむくことになるのです。現界での心の生活が間違っていれば、魂も汚れた衣をまとって霊界入りすることになりますから、そのままでは、その魂は幽界でさ迷い続け、低級霊界、はては地獄界へと堕ちていったりすることにもなるでしょう。

神に愛される清らかな魂を育むためには、現世においても神に愛される生き方をしていく必要があります。前章で述べたように神に愛される基本は「三善三愛」の心です。傲慢で高姿勢な心では清らかな魂を育むことはできません。ですから私は職員をはじめ会員、信者の皆様に心の管理の大切さをいつもお話ししているのです。

私たちは肉体を持つ存在ですので、知らず知らずのうちに悪想念を抱いてしまうことがあっても仕方のないことですが、できる限り自分で自分の心を見つめて反省し、改善していくことが大切なのです。

例えば、友人から嫌味を言われて怒りまくっている悪想念。ご主人が帰ってくるなり「おい、飯はまだか！」と言われ、「こっちだって一生懸命やっているんだから、そんな言い方しなくてもいいじゃないの！」と立腹している悪想念。会社の上司から仕事上の注意を受け、「冗談じゃない、あんたに叱られる理由なんてないよ」などと反発する悪想念。こうした悪想念が自然に精神世界に発生することはありません。悪想念が心に湧き上がってくるときは、まず間違いなく他の人が関与していることでしょう。

「悪想念を持つと魂の親様が苦しむのはわかっているけど、悪想念を持ったのは私の責任じゃないわ。原因は私にいやなことを言ったあいつなんだから、魂の親様も許してくれるに決まっている」

「お腹が空いているとはいえ、あんな言い方をされたら誰だって頭にくるわ。あんな主人に怒るのは当たり前だから、きっと魂の親様もわかってくれるわ」

「私がミスしたから注意されるのはわかるけど、なにもあんな言い方しなくてもいいじゃない。頭にくる、あのハゲオヤジ！　少し残っている髪の毛をむしり取ってやろうかしら。あそこまで厳しく言われたんだから、頭にきて当たり前よ。当たり前のことだから、きっと魂の親様だって許してくれるに決まっているわ」

自分の心の間違いを一切反省をせず、なんでも人のせいにして悪想念という心を平気で抱く……。その身勝手な悪想念によって自らの魂の親様が嘆き苦しんでいることにまったく気づかない、哀しき人間凡夫、凡婦……。その原因がなんであれ、悪想念を持った瞬間に魂の親様は嘆き苦しむのです。この事実を人間はもっと心で理解しなければなりません。

私が若い頃付き合っていた友人（S君）の話を述べてみましょう。S君はいつ会っても冴えない表情と暗い声。なにを話していても、苦虫を噛み潰したような話し方をしていました。そして「生きていることがぜんぜん楽しくない」と、いつも投げやりな態度を取っていたのです。

ところがあるときからS君の様子が変わりました。いつもウキウキしていて、それこそ青春を謳歌しているようにさえ感じられる変わりようです。このあまりの変貌ぶりを不思議に思い、「S君、最近はいつもウキウキしていてすごく楽しそうだけど、なにか良いことでもあったのかい?」と声をかけると、S君は「隈本君、よく聞いてくれたよ」と待ってましたとばかりに話し始めました。

「じつはな、あいつが会社を辞めたんだよ！　とってもいやな上司がいたんだけど、この前、体の不調ということで辞めやがったんだ。あいつが定年退職するまであと十年以上あったから毎日が憂鬱だったけど、急に会社を辞めてくれて気分爽快だよ。本当に良かったよ。会社のみんなもすごく喜んでいるんだよ」

S君のあまりの喜びように、少し気後れしながら詳しく話を聞いてみると、その上司は社長の前ではいつもへいこらして、社長の前でS君たちに注意するときには、いかにも部下のことを思い、優しく謙虚に注意していますと言わんばかりに聖人君子を装っているのに、社長がいない場所では人が変わったように部下に対して罵詈雑言《ばりぞうごん》を吐き、我が物顔に振舞うのだそうで、社員全員がいじめられているような状態だったとのことでした。

私はS君の話を聞きながら、上司の方の悪辣非情《あくらつひじょう》さよりもS君の魂の親様のこ

悪想念を持つと地獄に墜ちる
社長の前ではヘイコラしやがってよォ
課長《アイツ》のせいでどれだけの者が迷惑したか
私は昔、付きあっていた友人（S君）から会社の上司の悪口を聞かされた
定年退職10年前に病気で辞めてくれてよかったよ
病気がもっとひどくなって
死ねばいいんだよあんな奴…なっ
フゥ
私達が悪想念を持つと魂の親様が霊界入り後に苦しい道を歩まねばなりません

とが気になっていました。話の端々に「あんちくしょうが、あんなふうに言いやがって！」とか、「あいつは会社を辞めやがったが、あの野郎のことを俺は一生許さない。絶対に許すものか！」とか、「体をこわしやがって清々する。病気がひどくなってあんなやつ死んでしまえばいいんだ。きっと俺たちを苦しめた罰《ばち》が当たったんだ」とか、とにかく烈火のごとくS君は怒りをあらわにするのでした。

たしかにS君の言い分もわからなくはないのですが、そういうものすごい悪想念を受けられたS君の魂の親様は、霊界入り後、幽界から霊界のどの段階へと進むのだろうか、そういう一抹の不安を抱えてS君と別れた私でした。

悪想念を持ってしまったのは誰のせいでもありません。自分自身の心の管理が不足していたからです。自分勝手に抱いた悪想念で魂が地獄界へと堕ちて嘆き苦しむ……。これは誰のせいでもなく、悪想念を持ってしまった人間凡夫の自己責任です。肉体人間が生前に持った悪想念は、霊界で魂を清算しなければならないのです。……人の心の悲しき悪想念。

神に愛される魂を育む心の生活を送ることは、動物の心や悪魔の心をも有している人間に取って生易しいことではないかもしれません。ですから、その自分の悪想念に気づいたら、神や魂の親様に対して反省の祈りを捧げ神への祈りを深め、神の愛の御心を頂くことです。それが信仰というものでしょう。神は過ちに気づき反省を行なう人間をお見捨てにはなりません。神はあなたの「親様」なのですから――。

霊格を高めた魂は人をより良きほうへと導いてくれる

日神会の神主聖師教である私も、まだまだ凡夫、いまだ肉体を持つ人間です。ですから心の過ちを犯すことも多々ございます。しかし私は自分の心の過ちに気づいたときは、そくざに『聖の神』と「魂の親様」に心からの反省の祈りを捧げています。

「聖の親様、このたびは自分で気がつかないうちに心の過ちを犯してしまい、まことに申し訳ございませんでした。今後二度と同じ心の過ちを犯さないことを誓います」

「魂の親様、このたびは自分で気がつかないうちに心の過ちを犯してしまい、まことに申し訳ございませんでした。今後二度と同じ心の過ちを犯さないことを誓います。どうか今後とも私の知恵、肉体、意識（精神世界）のすべてをご支配、ご統括くださいますよう、よろしくお願いいたします」

このように『聖の神』と「魂の親様」に反省の祈りを捧げるのです。そして心の底からの反省の祈りを捧げたのちは、いつまでもくよくよしないで、その反省の想いをバネにして心のさらなる向上を目指すことが大事です。

『聖の神』はまだ怒っておられるのだろうか、もうエネルギーは頂けないのだろうか、もう「魂の親様」に向上していただくことはできないのだろうか、どうしてもっと早く間違いに気づかなかったのだろうか……。

そうしたマイナスの想いをいつまでも持ち続けていては、そのマイナス想念で「魂の親様」を苦しめてしまうことになります。しっかりと心から反省したら、あとは前向きな心で『聖の神』のエネルギーを頂くようにすることです。

『聖の神』が怒られたり、エネルギーを止めてしまわれたりすることはありません。また、心の世界におられる「魂の親様」も、自分の心の過ちに気づき、心の底からの反省を行なった肉体人間を怒ったり、肉体から離脱してしまわれたりはしません。むしろ「よく心の過ちに気づいてくれましたね。私は嬉しく思います」と喜んでくださるはずです。

「魂の親様」は人間の胸中にありて、知恵、肉体、意識（精神世界）のすべてを支配、統括してくださっています。霊格あるいは神格が高い魂になればなるほど、肉体人間への神霊的な支配能力は強大になり、より幸せで平和な生活へと導いてくださいます。

たとえば、良い会社に勤めていて職務上でミスを犯し、そのことを指摘されて「ああ、私はこの会社が大好きなんだけれど、仕事の内容は私に向いていないんだな。もしかして私にぴったりの会社が他にあるかもしれない。もう何年もこの会社には勤めているし、若い人たちも育ってきたことだし、ここらが潮時かな。ここを辞めて他の会社を探してみようかな」と落ち込んでしまい、なにもかもいやになって、自分の心を見失ってしまうようなことはよくあることでしょう。

しかし「魂の親様」はあなたの人生の先の先までを見越してくださっています。「そのまま勤めていたほうが良い」と判断されたときは、あなたの心のなかにはびこっているマイナス想念を排除してくださり、心の軌道修正を行なってくださることでしょう。「あのとき、一時の感情で会社を辞めなくてよかった」と思うことがあるはずです。迷ったときは胸に手を当てて自分の心をよく見つめ、「魂の親様」に「どうしたらよいのかお導きください」とお願いしてみたらどうでしょうか。

「魂の親様」は肉体人間が頭の知恵で考えていることや、肉体の欲望のおもむくままに任せた行動、心で想っていること、それらすべてをお見通しなのです。読者の皆様も胸のなかに存在し、心のなかで清らかな神に愛される魂として成長している「魂」の想いに、ときには心を向けてみてはいかがでしょうか。

ここで一つ私自身が若い頃に思い知らされたことをお話ししておきましょう。

ある休日に、雲一つない空を見上げて爽やかな気分になった私は、気分転換を図ろうと趣味の日曜大工を始めました。家内と子供たちも暇だったのか私の作業を静かにじっと眺めていました。いつもなら、そのまま見させておくのですが、その日に限って私は「今日は向こうでテレビを見ていてね」としきりに言っていたそうです。

仕方なしに家内が子供たちになにか食べさせようとしぶしぶ台所へ行ったところ、油の入った中華鍋が火にかけられたままになっていて、もう煙がかなり出ていたそうです。もちろん家内は急いで火を止めました。

「もう少しで火事になるところだった。台所へ行ってみてよかった――。あなたはいつもだったら私たちに『作業を見てていいよ』と言ってくれるのに、どうして今日に限って何度もせっつくように『向こうへ行ってね』と言うのかなと思っていました」

家内はほっとした様子で私に言いました。

私はその言葉を聞いてハッ!!　としたのです。「魂の親様」は家族に危険が迫っていることにまったく気づかない私の心と体に、大事に至らないよう無意識のうちにそうした行動を取るよう、能動的に働きかけてくださったのだと気がついたのでした。

私の五感ではまったくわからないことでも、「魂の親様」はすべて承知しておられる！　そしてつねにお導きを与えてくださっている！

そのことに遅ればせながら気づいた私は、すぐに「魂の親様」に感謝の祈りを行なわせていただきました。

これは知っている、あれも知っていると、頭の知恵であれこれと判断するのではなく、「魂の親様」の働きかけに少しでも心で気づき、あらゆることを心で判断できるようにならなければいけない。そのためには、これまで以上に『聖の神』の「御命、エネルギー、英知、御心」をどんどん頂き、謙虚、礼節、敬いの心の生活を送らなければいけないと反省した次第でした。

皆様にもきっとそうした体験はおありだと思います。魂は人間であれば誰にでも心のなかに存在しているのです。そして、日々自らを向上させて肉体にあるあいだに霊格を、神格を高め、でき得るならば肉体人間が現世にあるあいだに胸の中にいらっしゃる魂親様が神としての神格を持ち、肉体人間をより幸せに導けるようにと「魂の親様」はつねに願っているのです。

下方霊界へまでも延長された「天界道」

これまでも「天界道」については述べてきましたが、ここであらためて説明しておきましょう。「天界道」とは日神会の長崎聖地、東京聖地にある「天界神聖界への道」です。この「尊道」は日神会教祖隈本確が、『聖の神』への祈りの修行によって、人間界での最後の仕事として創り上げたものです。

当初、天界道は現界を離れて霊界に入った霊魂が、祈りによって幽界から聖天界（天界神聖界）へと昇っていくエネルギーの道でしたが、現在では幽界から低級霊界、地獄界、さらに最深の大地王聖界へと続く霊界最大、最長の神道となっています。これは天界神となられた教祖から神主聖師教である私に下されたお導きによって、私がまさしく命がけの修行によって下方へと延長させたものなのです。教祖神は「霊界へ入ってまわりをみわたしてみたところ低級霊界や地獄界へ堕ちていく魂が極めて多くなっている。この魂をも救えなければ『魂の救済』という宗教の目的は果たされないのではないか」とお思いになられ、私にその仕事を委託されたのでした。

ここで詳しくは述べませんが、幽界から上界へと順調に昇っていく霊のみならず、地獄界に堕ちた霊であっても、阿鼻叫喚の苦しみのなかでふと『聖の神』を思い出し、真っ白にキラーッと光る『聖』の文字を描いて「ひじりのおや……」「ひじり……」とひたすら神にすがることで上界へと昇っていくことが可能となる聖なる道、すなわち上界下界を問わず、すべての霊を天界神聖界へと導く救済の道――、それが〝新しい天界道〟なのです。

しかし、一度地獄界へ堕ちてしまった霊が上界へたどり着くためには、並大抵ではない修行が必要となります。何千年、何万年という長い期間が必要となるでしょう。それでも、いかなる霊でも修行次第では天界神聖界へと昇って行ける可能性があるということは、やはり大いなる神の御心による救いではないでしょうか。

天《てん》界《かい》神《しん》聖《せ》界《かい》
透《とう》輝《き》の壁
吟《ぎん》静《じょう》界《かい》（静《じょう》の座）
聖なる御魂の
御心の中
静寂《せいじゃく》なる静《じょう》の世界
静《しず》かなる神の至福の御心の世界で、強靭な
透輝の壁を「御魂」がスムーズに通るため
に、その身（魂）を清める神の磁場である。
紫《し》輝《こう》界《かい》（紫輝《しこう》の座）
橙《とう》輝《こう》界《かい》（橙輝《とうこう》の座）
薄《たん》紅《こう》界《かい》（薄紅《たんこう》の座）
薄《たん》青《せい》界《かい》（薄青《たんせい》の座）
幽《ゆう》界《かい》
東京聖地
聖
天界道の入り口
日神会 聖礼拝堂
長崎聖地

生涯を神と共に生きた皆様は決して地獄界に堕ちることはないと思いますが、ただこの天界道のことはしっかりと心に刻んでおかれたらよいでしょう。なぜなら、清らかな魂であるあなたは、天界道へ入ることによって速やかに上界へと向上することができるからです。

魂だけの存在になったと自覚したら、あなたはすぐに日神会の長崎、東京、いずれかの聖地へ「行く！」と精神で決めてください。その瞬間、あなたは天界道の入口に立っていることでしょう。そこで「これまでひたすら聖の道を歩んできた○○です。お願いしま～す」と神に祈ってください。それだけであなたはすっと天界道に入ることができます。

その後、どれだけ神への想いを深め、どれだけ神に祈るか、どれだけ修行を積み重ねることができるかで、上界へ昇っていくスピードには違いがあるでしょうが、確実に天界道は天界神聖界へとつながっているのですから、遅かれ早かれ、あなたも天界神聖界へと導いていただけるはずです。

なかには、すーっと幽界から上界へと進み、あっという間に透輝の壁を突き破ることができるほどの力を蓄えた魂もあるでしょう。また逆になかなか幽界から脱け出せない魂もあるでしょう。魂だけの存在となったとき、幽界を通過して霊界のどの段階に入るかは、生前の心の生活のあり方、神を想う生活のあり方で決まります。ですから神と共に生きるという人生の過ごし方が大事になってくるのです。

しかし、いずれにしましても天界神聖界への道は開けているのですから、どの段階にあっても迷うことなく、霊界でも神と共にあるという精神（心）で神を想い、神に祈ることです。霊界を上昇するスピードの速い遅いは、生前の神への信仰の深さ、そして霊界での修行の積み重ね方にかかっているのです。

Part 5

永遠なる大霊界への旅立ち

「老い」は霊界への最終準備期間

不幸にも修行半ば、すなわち若くして肉体の死を迎えてしまった人は別として、軽い病や小さな災難を乗り越えて年齢を重ねていきますと、人は否応なしに「老い」を感じるようになります。老後をどう過ごすか、それが現在の「健康長寿」という言葉で表現される課題ですが、「老い」は若い人たちにはまったく意識されていないことでしょう。


ある会社の社員食堂で、四十代半ばの中堅社員二人が雑談を交わしています。

「近頃どうも足腰が弱くなったように感じるんだが、君はどうかね?」

「そうだね。肩こりなんかもひどくなったし……。やっぱり老化かなあ」

「きっとそうだよ。四十肩ってよく言うじゃないか。あ〜あ、俺も老いたか……」

「しかしさあ、子供の頃から人間はいつか死ぬんだということは知っていたけど、老いるということは考えもしなかったからなあ」

「そうだよなあ。だから祖父さんや祖母さんをいたわる気持ちなんて、これっぽっちもなかったような気がするよ」

「それだけ俺たちも齢を取ったってことさ」

「敬老の日っていっても、お年寄りを敬うことなんかしなかったもんな」

「いま俺たちが若い者を見て嘆かわしく思うということは、俺たち以上に高齢になった先輩たちはきっと俺たちを見て、近頃の若い連中には困ったもんだと思っているんじゃないか？」

「そうかもしれないな。やはりそれなりの経験を積まなくてはわからないこともたくさんあるんだろうな」

「ま、俺たちは俺たちなりに頑張っていくしかないさ」

「そういうことだな」

「さて仕事に戻るか……」

この二人のような会話は、きっと四十代、五十代の人たちのあいだでよく交わされていることだろうと思います。二人が言っているように、齢を重ねなければ理解できないことはたくさんあるでしょう。七十歳を超えたある女性は「齢を取るというのもいいことですよ」と言っていました。若い頃は見えなかったことが、よく見えるようになったというのです。幼い子供の可愛らしさ、自然の美しさ、人間の辛さ、哀しさ、儚さ、そして生きることの素晴らしさ……。すべてが目から鱗が落ちるようにわかってきて、すっと世界が開けるように感じられるというのです。この女性の目には、いったい現代社会はどう映っているのでしょうか。

かつては村落に必ず長老と呼ばれる高齢者がいて、若い人たちではなかなか結論を出せない問題の解決に、いろんなサジェスチョンを与えてくれたものでしたが、いまの世の中ではそうした存在はありません。あったとしても「なんだよ、年寄りが余計な口出しをして」などと無視される可能性のほうが高いでしょう。

「長幼の序」ということわざがあります。

ある弱小企業が倒産し、社員たちがバラバラになるというとき、ある若い女性社員が上役だった人に「これでもう上司じゃありませんよね」と生意気な口を聞いたとき、その上役はにんまりと笑って「しかし、長幼の序というのは依然としてあるんだよ」と諭したそうです。「長幼の序」というのは、若年のものは自分よりも高齢の人を敬い、礼儀正しく接しなければならないというような意味です。

ところがいまでは……。ある高齢の女性から聞いたことですが、いかがわしい電話がかかってきたので詐欺だと見破ったところ、相手の若い男は「ババア、死ね」「ババア、死ね」と何度も繰り返したそうです。「いい加減にしなさい！」と言って女性は電話を切ったそうですが、なんという暴言を吐くのでしょうか。詐欺だけでも許せないのに、高齢者に対してなんと失礼な言葉を投げつけるのでしょうか。

これは普通の若者ではなく詐欺師の手先ですから仕方のないことかもしれませんが、そういった非道な言葉を吐くような風潮というものが社会にあると言ってもよいのではないでしょうか。いずれにしても、高齢者を馬鹿にし、無視する態度は許せませんね。

さて、逆に高齢の人たちはどうでしょう。若い人に対して高圧的な態度を取っていませんか。若者を批判ばかりして、正しく導いてやろうとしないのでは「長幼の序」もなにもあったものではありません。年相応の分別と若い人たちへの思いやりを忘れてはならないでしょう。自分の若い頃を振り返ってみれば、同じように生意気であったり、上司を馬鹿にしたり、父親や母親に反発ばかりしていたこともあったのではないでしょうか。先ほど「齢を取るというのもいいことですよ」と話していた女性は、こうも言っていました。

「若い頃を思い出すと、恥ずかしいことがたくさんありますよ。なんて傲慢だったのだろうとか、なんて独りよがりだったのだろうかとか、あのとき祖母にどうして優しくできなかったのだろうかとか……。なあんにもわかっていなかったんだなってね」

この女性はきっと、良い年齢の重ね方をしているのではないでしょうか。

例えば、電車やバスで若い人に席を譲ってもらっても「ありがとう」のひと言さえ口にしない老人、道路や公園などで平気でペッと唾を吐き捨てる老人、ステッキをついて偉そうに歩いている老人、若い人に対して「おまえたちにわかってたまるか」とばかり偉そうに接する老人……、これでは若い人に嫌ってくれと言っているようなものです。

体力や気力、知恵の働きが弱くなっている自分をきちんと認識して、それこそ「老いては子に従え」で、若い人の助けも借りなければならないのであれば、謙虚に感謝することも高齢者には大切なことではないでしょうか。そして刻々と迫る肉体の死に向かって、静かに穏やかに大切に日々を送ることが大事ではないでしょうか。

Yさんという七十代半ばの女性がいます。この女性は認知症になった十歳ほども年上のご主人を抱えて、自宅勤務の仕事をし、家事をこなし、忙しい日々を送っているのですが、大きなリュックを背負って買い物に出かけ、公園を通るときなどには幼い子供連れのお母さんに「こんにちは。可愛いお子さんねえ」とにっこり笑いかけるそうです。そして「子育ては大変でしょうけど頑張ってね。このお子さんは男の子だから、大きくなったらきっと頼りになりますよ」などと言って励ましてあげるそうです。するとそのお母さんもにっこり笑って「ありがとうございます」と答えてくれるので、Yさんはそれが嬉しくて心がウキウキしてくるのだと言っていました。

じつはYさんにはお子さんがなく、したがってお孫さんもいません。「そのせいか幼い子供さんを見ると、つい声をかけたくなるんですよ。純粋無垢な姿を見ると心が洗われますからね」Yさんはそう言ってほほえんでいました。また彼女は、買い物途中の道端に咲いている小さな花に気づくと、すぐに立ち止まって見とれているそうです。「命っていうのは美しくて強いものなのね」とまた笑顔を浮かべました。

「老い」は辛くもありますが、こうした高齢者の言葉を聞くと「老い」もいいものだなと私も思います。どんなに素晴らしいお年寄りでも、大霊界の法則でいずれは肉体の死を迎えますが、神霊学的に考えると「老い」は霊界への最終準備期間と言えます。ですから若い頃よりもさらに神を想い、神に祈り、自分の魂を清らかに正しく保つ心の生活を送ることが大切になります。

そして、幼い子供さんに笑顔を返してもらえるすてきなおじいちゃん、おばあちゃんになりましょう。若い人に「大丈夫ですか。お気をつけてくださいね」などと親しく声をかけてもらえるようなおじいちゃん、おばあちゃんになりましょうね。そうして、すべての事象に感謝し、人様に感謝し、神に感謝し、天に感謝して過ごすことです。きっと霊界では、先輩の霊人たちに笑顔で迎えてもらえる魂（霊）となること間違いなしでしょう。

神様にすべてを委ねた平穏の日々を送る

前項でも述べたように、高齢になればなるほど感謝の気持ちを大切にすることが必要でしょう。そしてなによりも神を想い、神に感謝し、神の子として穏やかな死を迎えることを目指しましょう。そのためには心の清らかさを保ち、すべてを神様に委ねた静かで平穏な日々を送ることが大事です。喜怒哀楽という感情の浮き沈みに気を取られず、惑うことなく、ただただ神を信じて来世（霊界）での自分の向上を願って祈ることです。

先ほどのYさんは認知症のご主人を抱えていると述べましたが、いまのところ徘徊をするまでには進行していないものの、ご主人の症状はどんどん悪くなっているそうです。物の名前が思い出せない、自分の名前も書けない、リモコンの操作もできない、夜中に起き出してウロウロしている等々……。「俺はもうなんにもわからなくなってしまったよ」と言うご主人は、自分の頭に変化が起きていることはなんとなくわかっているようです。それでもなにかYさんの役に立とうとして庭の花に水をやったり、お料理の皿をテーブルに運んだり、薄暗くなるとカーテンを閉めたりと、なにか手伝おうとするのですが、それもどこかトンチンカンで、思わずYさんも心のなかで「気持ちはありがたいけど、かえって邪魔なんだよねえ」とつぶやくことも多いと苦笑していました。

しかし、そのご主人の様子を見ているとまるで幼児に戻ったようで、Yさんは「私は子育てをしなかったから、その分この人の面倒をみることになったのかな」などと考えることもあるそうです。

ある朝の二人の会話です。Yさんは疲れも溜っているのでなかなか早起きができないのですが、Yさんが目を覚ますともうご主人は起きて服を着て畳の上に寝転んでいます。

「おとうさん、もう起きたらどうですか」

「あ、おはようございます」

「おはようございます。もう朝ご飯を食べないとね」

「はい」

ご主人はよっこらしょと起き上がってキッチンに出てきます。

「パンは自分で焼けるでしょ」

「はい」

ご主人は冷凍してあるパンを電子レンジに入れて、トーストのスイッチを押します。それだけは自分でできるそうですが、焼けたパンにマーガリンを塗ったり、ハムやチーズをのせたりすることはできません。なにをどうしたらいいか、わからないのです。当然、それにはYさんが手を貸さなくてはなりません。Yさんは次に茹でたブロッコリーと卵焼きをお皿に乗せてご主人の前に置き、牛乳をカップに注いで、「はい、どうぞ」とご主人に勧めます。

「ありがとうございます。いただきます」

「どうぞ、召し上がってください」

「はい」

「焼きたての卵は美味しいでしょ」

「うん」

「ああ、またマヨネーズをこぼして……」

「すみません。ごめんなさい」

「慌てないでゆっくりと食べなさいよ」

「はい」

やがてご主人の食事が終わります。

「おとうさん、お薬を飲まなくちゃね」

「はい」

「これと、これと、これ、三つね」

「ええと、これと、これと……」

ご主人は三錠の薬を口に含みます。そして水を飲もうとするのでYさんも安心して見ていると、なんとご主人は錠剤を噛み潰して水でぐちゅぐちゅとうがいをしたと思うと、ペッと口のなかのものを流しに吐き出してしまいました。

「おとうさん！　なにやってるの。お薬は飲み込まなくちゃだめじゃない」

Yさんはつい声を荒げてしまいます。そしてすぐに「ああ、いけない。この人は病気なんだから、叱ったりしてはいけないんだ」と気づいて、「きつく言ってごめんね」と優しくご主人の肩に手を置いて謝ります。ところが……。

「あら？」

Yさんがご主人の首元を見ると、シャツではなくパジャマの上にセーターを着ているのです。またYさんはがっくりしてしまいます。

「おとうさん、パジャマは寝るときに着る物なのよ。起きたらパジャマは脱がなくちゃだめなの！」

そこでYさんが手を貸して、ご主人の着替えをさせます。

「すみません、ありがとうございます」

――ああ、これじゃもう私の手には負えないかもしれないな。

ふとそんなことを思ってしまうYさんですが、ケアマネージャーの方に紹介してもらってデイサービスの見学に連れて行っても、「なんで俺はこんなところにいるんだ？　ここは怖いからもう家に帰りたいよ」と言うので、どこかに預けることもできません。

とにかく子供の相手をしているようですが、そのご主人の妻に対する「ありがとうございます」などというような馬鹿丁寧な言い方は認知症の人に共通するようで、「母親を数年前に看取ったご近所の同年の女性も「言葉が丁寧になるでしょう。うちのお祖母ちゃんもそうだったのよ」と話してくれたり、「認知症の介護はやった者にしかわからないわよ。無理しないでね。なにかできることがあったら、いつでも言ってね」と彼女はYさんを励ましてくれます。ありがたい隣人がいて私は幸せだなとYさんは思っています。

さて、そのご主人ですが、とにかくなにをするにも「Yちゃん、Yちゃん」と、まるで母親に甘えるようにYさんだけを頼りにしています。時に機嫌を悪くすることもありますが、その感情もその場その場ですぐに忘れてしまうので、むっとした心が持続することはありません。したがって憎しみや哀しみ、怒りや恨みなどの悪想念を抱え込むことはまったくないのです。そして、ご主人は一日のほとんどを静かに椅子に腰かけてぼんやりとしていたり、横になって昼寝をしたりして過ごしています。もっと軽症の頃は新聞を読んだり文庫本を読んだりしていたのですが、いまではもうその気力も知力も落ちてしまっているようです。昼寝をしているご主人の顔はとても穏やかで、その寝顔を見ると安らかに亡くなっているような感じを受けるのだとYさんは言います。

ただ、このご主人は神仏をあまり信じない人なので、Yさんは時に日神会の奇跡などの話をしてあげるそうですが、「なんか怖いなあ」と言うばかりだそうで、まあ悪心を持っている人ではないから、子供に戻ったような人だから、生前認知症だったからといって、幽界で徘徊することはないだろうと信じるようにしているとのことでした。

ただし、ご主人の肉体はまだまだ元気で、Yさんと一緒に散歩に出かけてもスタスタと足取りもしっかりしているそうですので、ご主人の霊界入りはまだまだ先のように思われます。したがってYさんの介護生活もまだまだ続きます。ただ「私が先に霊界入りしたら、この人はいったいどうなるのだろう」とそれが気がかりだとYさんは語っていました。

「大丈夫ですよ、神様にすべてを委ねて祈りの生活を送っておられれば、あなた様もご主人様もきっと幽界でも迷わずに上界へと進んでいかれると思いますよ」

「それと、ご主人様は神を信じていなくても、『聖の神』のお力は、必ずご主人様の魂親様へとどいています。魂親様はご主人様の胸の中ですくすくと向上しておられます」

私はYさんにこのように申し上げました。

このご夫婦のように静かに支え合って老後を過ごしている人たちは、現在たくさんおられることと思います。「お迎えを待つ」と老年の方はよくおっしゃいますが、静かに神の道に外れないように清らかな心で過ごしていれば、きっと神様は霊界の上方へと導いてくださるに違いありません。

前項で述べたように「老い」は霊界への最終準備期間ですから、老いたからといって嘆くことなどありません。「老い」は静かな神の世界への助走段階なのですから——。

今回の著書「生と死と神と大霊界」のなかで心の管理を行ない、心に神を頂き、心で祈り、神のお力を頂くことでさまざまな困難を神のご加護により解決していくことができるということは、本書をお読みの皆様にはご理解いただけたことと思います。

先日、日神会へ入会なされたばかりの方とお話をしておりましたところ、その方が、「私は先生の本を読みはじめて数日で信仰と言いましてもまだ自信はなく、今からがんばっていきたいのですが……、なんと言いますか、何年くらい信仰すれば神様のご加護をもらえるのでしょうか。

じつは私は親の介護をしていまして、自然と周囲の方のサポートや理解ある方との出会いがなにか天の助けを得たように感じたことがございます。

私は自分なりにですが、正直な心で生きてきたと思っています。正直にがんばっていたら、困っているとき、たとえ神様を信仰していなくても神様は助けてくださるのでしょうか？　そして図々しく身勝手と思いますが、正直に、素直にがんばっていたら神様は助けてくださり、必死に望めば必要な人との出会いがあるのでしょうか？　と心に涙をうかべ切にご質問くださいました。

そこで私は、

「神を想う心の信仰は、信仰をはじめてからの月日の長さは一切関係ありません。『私は神を信じ十年以上信仰しているから、自分の信仰はピカイチでまちがいない』と豪語していても、神へ祈りを捧げるのはお盆と正月のみで、毎日の生活の中で神のお力を頂こうともしない……。これでは真の信仰ではありませんね」

「私が日神会へ入門したのは二十歳の時でした。父である初代会長 隈本確のご本は、一冊ほど読んだくらいでした。入門して数日程が過ぎた頃、ふいに父が「正二郎、日神会の神様の仕事はどうかな？」とたずねてきました。おそらく私の表情からなにか心配事があると思われたのでしょう。そこで私は思いきって聞いてみたのです」

「自分は日神会へ入るまで神様は信じていましたが、信仰という信仰はまったくしていませんでした。こんな自分で神様の仕事をしていいのでしょうか？」と。

するとと父はガッハガッハと大笑いし、

「いや笑ってすまない、プッ。ごめんなさい。正二郎は神様は信じてはいたけど信仰はしてなかった、と。それで悩んでいる」と言うんだね。

「なら聞くが、今、正二郎は神の存在を信じているのかな？」

「もちろん信じていますし、以前より信じる思いは強くなったと思います」

「うむ、それならばもう一つ聞くが、正二郎は以前はまったく信仰の心がなかったと言うけど、日神会へ入門した〝今〟はどうなんだい。やっぱり、まだ信仰の心はまったくないのかな？」と、

「とんでもありません。今は神の存在を信じ、信仰の心も……少しはあると思います」

すると父は、また、ガハガハと大笑いし、

「今、信仰の心があるのなら、なにも気にする事はないし、心配する必要もぜんぜんなかとよ。神様に真剣に祈ってお力を頂く、このことがなによりの信仰になるのだから大丈夫」と言われました。

この事をお伝えしましたところ、一安心なさっておられました。そして正直な

心の生活を送っておられたら、たとえ神信仰をしていなくても、あなた様の先祖様があなた様の真正直な心を、あなた様の先祖様を通して神へお伝えくださいます。だから今までも不思議とすてきにあなた様の役に立つ出会いなどがあったのでしょう。

あなた様には素晴らしい先祖様がきっとたくさんいらっしゃるのですね。それに、もう、あなた様は日神会のご守護神であられる聖地恩祖主本尊大神「聖なる御魂親様」の存在を心で認識し、信仰を深めていかれ、お力を頂いておられますので、最高の神のお力をあなた様の先祖様が頂かれ、先祖供養の輪がすさまじい勢いで広がり、先祖様がどんどん救われていくことでしょう。救われた先祖様はかならずやあなた様を良い方向へと導いてくださいますよ。どうかなにも心配なされずに今まで通り真正直なお心の生活を送られ、そのなかで最高の神のお力を頂いてください」とお伝えしましたところ、安心してお帰りになりました。

人様を愛し、人様に愛される老後

皆様ご承知のように、人間は肉体と頭脳と心（魂）を持って生を受けています。そして人間の体力は二十代半ばまで向上しますが、それ以後は下降線をたどります。また頭脳の働き、すなわち知力は四十代半ばまで向上し、その後はどんどんその働きを鈍らせていきます。しかし、心は違います。真逆です。人間の心は年齢を重ねるとともにますます向上していきます。

心は目に見えませんから、若い人にはヨタヨタして耄碌《もうろく》しているように見えるかもしれませんが、高齢者の心はまわりの人たちの気持ちの動きを察知し、思いやる広さ、深さを有しているのです。「ジジイ」「ババア」などと馬鹿にするのは大きな間違いです。ただにこにこ笑っているように見えて、じつはさまざまなことを心で想っているのです。

「おばあちゃん、しっかりしてよ。もう、なんにもできないんだから、そこにいると邪魔なのよ、ちょっとどいてちょうだい」などと邪険に扱われても、「はい、はい」と笑顔で応え、若い人に逆らうようなことはしません。しかし、高齢者は若い人の気持ちの苛立ちなどすっかり見通しです。だからこそ暴言に等しい言葉を投げつけられても、相手に対して憎しみを持つことなどありません。「わかったよ、わかっているからもう少し優しく言ってほしいものだがねえ」などと心で想いながらも、にこにこと若い人の言うとおりに振舞っているのです。

お年寄りをあなどってはいけません。「齢を取るというのもいいことですよ」と言った女性のように、齢を重ねると世間のことが次第にくっきりとわかるようになり、それだけ心が広く深くなって人様の言動に対する許容力も備わってくるのです。若い人に生意気なことを言われても怒ることなどなく、「あなたはまだまだ若いわねえ」と心のなかで微笑んでいるのかもしれませんよ。

神の御心は「愛」に尽きますが、高齢になった人、すなわち霊界入りの最終準備段階にある老いた人間の心には、少しずつ神の御心に近づくように、人様に対する許容と愛の心が育まれていきます。

ある方は「この頃、幼い子供さんたちを見ると、なんだか愛おしいような可哀そうような、なんとも言えない気持ちになるんですよ」と話していました。幼い子供もいずれは成長して大人となり、人生の荒波を乗り越えて苦しい試練に立ち向かわなくてはなりません。そのことも知らないまま無邪気に遊んでいる子供たちを見ると、その方は哀れみを感じ、それだけに子供たちに対する愛の心も湧いてきて「これからの人生、とても辛いことだらけなのよ。負けないで元気に生きていくのよ。いまのうちに思いっきり遊んでおきなさい」などと声をかけたい想いに駆られるというのです。

急激に進歩する科学技術に振り回されているような現在の人々、スマホ依存症という言葉まで出てきた現在の社会……。また、地球温暖化などの気候変動、あちこちで続いている内乱や戦争、核兵器の問題等々、いま無邪気に走り回っている子供たちが大人になる頃には、いったいこの社会は、この地球はどうなっているのでしょう。

「私のような年寄りには先がまったく見えないけれど、なんだか電子機器に振り回されるような時代がやってくるように感じるのよ。そんなとき人の心はどうなっていくのでしょう。それもまた可哀そうなことだと思うのね」

先の方はそのようにも述べておられました。実際、近年の急速な技術の進歩には、五十代半ばの私でもなかなか付いていけないほどですから、高齢の方々が不安に感じるのも無理はないことだと思います。読者の皆様はいかがですか？　スマートホンに依存し過ぎてはおられませんか。機器に頼ることなく、何事も自分の頭で、自分の心で考えるということを忘れないようにしてほしいものです。

さて、いくら科学技術が進歩して人間に代わってロボットが作業をするようになったとしても、人間の心はいまも昔も、さらに将来も変わることはないでしょう。私はそう確信しています。なかでも互いに相手を想い合う、すなわち愛し合うという心が無くなるわけがありません。男女の仲ばかりでなく、子供や孫といった家族を想う愛の心、まわりの人たちを見守る愛の心、社会状況を憂《うれ》う深い愛の心……。高齢になればなるほど、人様に対する愛の心は深く広くなっていくはずですが、いかがでしょう。

愛の心を発動すれば、愛の心が返ってきます。愛とは相手を大切に想い、相手に良かれと願う心です。若い人に嫌われることなく、みなを愛し、みなに愛されるおじいちゃん、おばあちゃんであってほしいと私は願っています。

老いとともに神へと近づく生き方

六十代のTさんは少女時代のボーイフレンドから「父が亡くなってね」という電話をもらったとき、「ああ、いよいよ先生も霊界に入られたのか……」と、学生時代とてもお世話になった遠縁の元国立大医学部教授のことをしみじみと思い出しました。その先生は大学を退官したのちも診療所を開き、八十歳を超えても溌剌として医師の仕事を続けていました。ですからTさんなどは、その先生が亡くなることなどまったく頭になかったのです。

遠縁というのは、Tさんの母方の祖母がその先生と従姉弟同士であったという関係で、Tさんが東京の大学に進学が決まったとき、保証人となっていろいろと面倒を見てくれたのでした。ですから「おじさん」と呼んでもいいのですが、教授は家族にも「先生」と呼ばれていたので、Tさんも「先生」と呼んで尊敬していました。

先生は九十歳を幾つか越えていよいよ寝たきりになり、やはり高齢の奥さんとベッドを並べて介護士さんの世話になっていました。その先生も百歳となり、いよいよ現世から来世(霊界)へと旅立ったのです。大往生といってもよいでしょう。Tさんは、大学関係の方々でいっぱいになるだろうと考えて通夜や葬儀には出かけませんでした。

数週間後、ずいぶん無沙汰を重ねていた先生のお宅を訪ねて仏前にお線香を上げていたら、なんと恩知らずの自分だろうという想いがこみ上げてきて、Tさんは溢れる涙をこらえることができませんでした。「おばさん」と呼んでいた奥さんも九十歳を越えて寝たきりになっていましたから、その「おばさん」にも面会し、大学卒業後もずいぶんとお世話になっていながら長いあいだ音信不通になっていたことを詫びました。

「おばさん」はじっとTさんの顔を見つめて「Tちゃん、あまり幸福な人生ではなかったようね」と優しく声をかけました。ああ、すべてお見通しなんだなと、Tさんは自分の半生を振り返り、「おばさあん」と呼びながら涙ぐんでしまいました。「おばさん」はそんなTさんの手をしっかりと握って、「そう言えば、昔、Tちゃんを下宿させていたこともあったわね」と懐かしそうに笑ってくれました。

ああ、おばさんの顔、神様みたいだな——。

Tさんの涙は哀しみよりも感動によるものでした。「おばさん」は寝たきりですから顔色も真っ白になっていましたが、優しく微笑んでくれるその表情からは、ただただ愛の想いが溢れているようにTさんには感じられたのです。仏教でいえば仏の慈悲とでも形容したいほど柔和で、すべてを許容し、すべてを神仏に委ねたような、素晴らしい表情をしていた「おばさん」でした。

先立った先生も「おばさん」もきっと霊界では高いところに行くのだろうなと、帰りの電車のなかでTさんはしみじみと思ったのでした。そしてやはり九十一歳という高齢で亡くなった母方の祖父の顔を思い出ました。「この人は誰だい？」というように孫であるTさんのこともわからなくなっていた祖父でしたが、その祖父もやはり「おばさん」と同じようにすべてを超越したような顔をしていたのでした。また、ガンで亡くなった父方の叔父も、亡くなるひと月ほど前に見舞いに行ったとき、同じように神様か仏様のような顔をしていたことを思い出しました。「おばさん」の死には立ち会えなかったTさんですが、きっと神々しいような死に顔をしていたのだろうなと、しっかりと手を握ってくれたその「おばさん」のぬくもりを思い出していました。

人間は死を間近にすると神様のような顔になるのだな——。

Tさんはなにかがわかったような気がしました。老いるというのは神様に近づくことなんだと思ったのです。あの世（霊界）へ向かうときに、「おばさん」や祖父、そして叔父のような表情になれるように、私も神様をもっと想い、もっと神様に祈る生活をしなくてはいけないと、Tさんはあらためて思ったのでした。

神はつねに私たちと共にいらっしゃる

いまは天界神聖界で「聖なる御魂」親様となっておられる日神会教祖隈本確は、現世にあるときいつも「正しい信仰は神を想うこと、神に祈ること」と私たちにお話しくださっていました。いつ、どんなときでも神は胸の精神世界にあなたと共にいらっしゃるのですから、その神を想い、その神に祈る、それこそが真の信仰だということですね。

あるとき日神会の儀式が終わったのち会員の方々のお話をお聞きしていましたら、Rさんという中年の女性が、ご近所に住むUさんという八十代後半のおばあちゃんの話をしてくれました。Uさんは十年余り前にご主人を亡くし、独り暮らしを続けています。亡くなったご主人はとてもお酒やタバコが好きで、ときには日中からワンカップの日本酒を片手にぷかぷかと煙草をふかしていたとのことでした。そのうえ、高齢になってからはなにかというと自分勝手で、頑固《がんこ》偏屈《へんくつ》になってきたそうで、Uさんはそんなご主人に手を焼いていたようでした。

そのご主人も若い頃はとても努力家だったらしく、あるとき、通りかかったRさんを呼び止めて「時間があったら、たまには俺の話を聞いてくれよ」というので、Rさんは仕方なくUさんの家にお邪魔してご主人の部屋に入りました。

若い方にとっては教科書で教えられるような昔のことです。あの第二次世界大戦のさなか、徴兵制度では二十歳になってから徴兵検査を受けて入隊するのが普通でしたが、Uさんのご主人はまだ十代のうちに志願して少年航空兵になったとのこと。「じゃあ、戦闘機に乗ったんですね」というRさんに、ご主人は苦笑いして「もう練習用の飛行機なんてなかったんだよ」と話してくれました。

戦後はひたすら勉学に励み、国家公務員の試験に合格して出入国管理局に勤めるようになりました。職場はけっこう転勤が多く、あるときは小笠原諸島に派遣されて、数年を単身赴任で過ごしたそうで「これは小笠原の浜で拾った流木だよ」とRさんに古びた木片を見せてもくれました。少年航空兵の制服を着た写真も見せてくれました。

その後ご主人は末期ガンに冒されて手の施しようがないまま入院し、痛み止めのモルヒネなどを投与されていたそうですが、見舞いに行ったお孫さんたちがあとで「今日はおじいちゃんすごくたくさん話をしたよね」「うん、いままで見たこともないような優しい顔してたよな」と言うほど、ご主人はさして苦しみもなく旅立たれたようでした。

　Uさんが R さんの家を訪ねてきて「おとうさん、死んだ……」と伝えてくれたとき、Uさんはあまり悲しそうな顔をしてはいなかったそうで、むしろほっとしたのではないかと R さんは感じたそうです。そして、Uさんは独り暮らしになったのですが、ご主人がおられた頃よりも元気で明るくなり、趣味の編み物を楽しみながら日々を過ごし、R さんたち近所の人たちにも編んだ靴下などを分けてくれるのだとのこと。

　ご主人を亡くしたあと、じつはUさんは八十歳を越えてから大腸ガンと乳癌の手術を受けているのですが、もうすっかり元気になって、いつもにこにこ微笑んでまわりの人と接しているそうです。

そんなUさんの姿を見て、Rさんはあるとき日神会の会報『聖の道』の何冊かを手渡して、「この冊子を一度読んでごらんになって」と言ってUさんに手渡しました。Uさんは「そう？　ありがとう」と素直に受け取ってくれました。なにしろ高齢ですから「果たして読んでくれるかしら、渡さないほうがよかったかしら」とRさんはちょっと後悔していたのですが、それから十日ほど経った頃にRさんと道端で会ったUさんは「聖の親様というのは凄い神様なのねえ。私、この神様が大好きになったわ」と嬉しそうに言ってくれたそうです。

Uさんは自分の心に「魂の親様」がいらっしゃるということにも驚いたらしく、「人間は正しい心で生活しないといけないのね。そうじゃないと魂の親様に申し訳ないものね」とにっこり笑っていたそうです。そして、「あのね、私ね……」と話を続けました。

「私ね、いつも手押し車を押して買い物に行くでしょ。この齢だからスーパーまでの距離がとても長く感じられて、休み休み行くんだけど、辛いなと思ったときはいつも『聖の親様、お力をください、お願いしま〜す』と心で祈りながら歩くのよ。そうすると、なんだかまた力が湧いてきて、よいしょ、よいしょと、一歩一歩進むことができるの。本当にありがたい神様ですねえ」

Rさんはいつかさんを日神会の聖地へ連れて行きたいと思っているそうですが、九十歳も間近なUさんには無理かもしれません。そこでRさんは『聖の神』のお守り札を差し上げて、「このお札を持っていたら、おばあちゃんはいつも神様と一緒に居られますよ」と話してあげたそうです。

「あら、ありがとう。さっそく紐を付けて首からぶら下げておくようにするわ」

Uさんはとても嬉しそうにお札を握りしめて、「いつも『聖の親様』を想って暮らしていったら、百歳まで生きられるかもしれないわね。ほほほ」と、いたずらっ子のような笑顔を浮かべていたそうです。

Rさんはお話の最後に「Uさんはきっと神様に愛される老後を送られるに違いない。そう思いますと、私も幸せな気持ちになるのです」と話してくれました。

神はつねに私たちと共にいらっしゃるのです。その神を想い、その神に祈る。これが日神会教祖隈本確の教えていた正しい信仰のあり方なのですね。

「神の道」こそが「人の道」である

私がまだ若い頃のことですが、ある美術館で良寛の書いた「天」という書を見たことがあります。良寛とは皆様ご存じのように江戸後期の禅僧で、書や漢書、和歌などに優れた才能を発揮した人です。修行のために諸国を行脚したのち故郷である越後に帰り、日本海を望む山のなかに「五合庵」という庵を結んで、村の子供たちを相手に俗世を離れた生活を送ったといわれています。

その「天」の書に接したとき、私はしばらくその場を動けないほど感動しました。なんと表現したらよいのでしょう。「天」というその文字はまさしく「天」そのものでした。おおらかな筆遣い、白い紙の外にまで広がるような果てしない世界……。力強く雄大でありながら優しく穏やかで……。どんな言葉で表したらよいか、私にはとても思いつきません。それでも未だに目に焼き付いている「天」の文字。心がふるえるほど、見る人の心を打つ作品でした。

さてこの「天」という文字ですが、よく「天に恥じない生き方」といわれます。また同様に真っ直ぐな生き方を指して「己に恥じない生き方」などといわれます。また「そんなことをしては人の道に外れる」なども言います。

「天」とは言い換えれば大宇宙であり、神霊学的には「天地創造素の神の世界」あるいは「天界神聖界」のことと思ってもよいでしょう。「天に恥じない生き方」とは、神の道に背かない正しい生き方のことであり、純粋な心の生活と言えるでしょう。

「己に恥じない生き方」とは、「恥知らず」にならないということ、すなわち人間としてあるべき姿を踏み外さない生き方ということでしょう。この「人間としてあるべき姿」が「人の道」というものです。

「己に恥じない」とは、例えば、人の悪口や陰口は言わない、人を辱めない、人を貶めたり傷つけたりはしない、嘘はつかない、人の物は盗まない、人を殺したりしない、高齢者や困った人を見たら助けてあげる、等々、つまりは、人が天地創造「素の神」から与えられた「良心」に背くような行ないをしてはいけないということでしょう。

逆に、何事につけても自分中心で人様のことはまったく考えない、我《が》を通してばかりいる、人を馬鹿にしている、頑固偏屈でまわりの人をいやな気持ちにさせる、等々。こうした心のあり方はいわば悪魔の所業です。

「良心に従う」とは逆に言えば「悪心は持たない」ということです。こうして見てくると「人としてあるべき姿」すなわち「人の道」とは、結局のところ神の御心に沿う生き方ということになるのではないでしょうか。

謙虚、礼節、敬い、愛し、慈しみ、尊ぶ。この「三善三愛」の心こそが、神の愛される人間のありようです。逆に傲慢、高姿勢、行き過ぎたプライド心、そして疑いの心は、神がもっとも嫌われる心の姿勢です。

こうして考えてきますと、「人の道」とは、すなわち「神の道」と言えるのではないでしょうか。「神の道」こそが「人の道」なのです。先ほどの良寛の「天」の書の前では、人は決して悪心は持てないと私は思います。「天に恥じない」つまり「神の道を外れない」、そうした生きかたこそが、神の子である人間としてのあるべき姿ではないでしょうか。

日神会では長崎聖地でも東京聖地でも、毎朝、職員たちは「今日も一日、神の心でまいりましょう」と誓い合います。また、私は会員、信者の方々に「神の道を歩んでまいりましょう」とつねにお話ししています。

「神の道」こそが「人の道」。皆様も忙しい毎日のなかでも、ふと立ち止まって自分の心を見つめ、神の道に外れた心になっていないかをチェックしてみたらいかがでしょう。きっと反省することがたくさんあると思います。「あ、これは間違った心だ」と気づいたときは、まず『聖の神』すなわち「聖なる御魂親様」に反省の祈りを捧げましょう。そして皆様の心の世界に確固として存在する「魂の親様」にも「申し訳ございません。二度とこんな心は持ちません」と反省の祈りを捧げてください。

神の御心は愛に満ちたものです。心から反省するあなたを、神は決して見捨てたりなさいません。読者の皆様も素直な心で神を想い、神に祈り、そして私どもと一緒に「神の道」を歩んでまいりましょう。

あなた自身が神となるとき

「あなたの魂の親様もいつかは神になられるのです」と述べても、もう読者の皆様は驚かれないことでしょう。あなたの清らかな心のなかで向上し、神格を高められた魂は、霊界へと旅立ち、天界道へと入られて、幽界で生前と同じように『聖の神』(聖なる御魂)へ祈りを捧げることで、すーっと上方へと昇っていかれることでしょう。あなたの魂は一八三ページの図のように薄青の座から薄紅の座へ、そして橙輝の座から紫輝の座へと真っ直ぐに進み、静の座を経て、ついには透輝の壁を突き破って天界神聖界へと速やかに昇っていかれることでしょう。

天界神聖界、そこは糸金に輝く神の聖界です。穏やかで平和な神々の聖界です。そしてあなたの魂は永遠の魂として神霊となられるのです。そうです。あなたは「親様」である神の御許で、さまざまな神々との交流を深め、さらに高き神霊となるための修行を重ねるのです。そして、いずれは天地創造「素の神」や『聖の神』

（聖なる御魂）のお役に立てる素晴らしい超神霊となって、大霊界の平穏と発展のために働くことになります。すでに超神霊となられている先輩の神々は、あなたがそうした高き神となったことを大変に喜んでくださるはずです。

あなたの魂は決して下方霊界へおもむくことはありません。地獄界へ堕ちることもありません。ただただ神の道を歩んだあなたの魂は、幽界や下方霊界をさ迷うこともなく、地獄界で苦しむこともなく、したがって決して現界にある人間に憑依したりはしません。私が保証いたしましょう。

皆様、いかがでしょう。現界にあるうちに神を想い、神に祈る正しい生活を積み重ねていずれは霊界で超神霊となる――。これが心（魂）を有する人間として生を受けた私たちの目的なのです。

永遠の祈り――。
永遠の命――。

永遠の大霊界――。

さあ、皆様も大霊界の一員として、将来超神霊となるべき魂（魂の親様）を正しく清らかな存在に育んでいくという使命を、喜びを持って果たしてまいりましょう。私もまだまだ修行の身でありますから、皆様と一緒に、そして皆様のために、ひたすら神への道を歩んでまいります。皆様の現界での幸せな生活、そして霊界での神としての至福の生活を願ってやみません。

神の道
清き心の祈りかな
聖なる御魂
心に宿し

おわりに

本書を最後までお読みくださった皆様、まことにありがとうございます。

もう皆様はおわかりのことと思いますが、私たち人間は「魂」を持つ「神の子」として生を受けているのですから、神から与えられた肉体、頭脳、心（精神世界）を働かせて、「神の子」の名に恥じない生き方をしていかなくてはなりません。それが心のなかに存在する「魂」の神格を左右していくのですから、人間界は修行の場であると認識し、神と共に生きるという心を持って、謙虚、礼節、敬い、愛し、慈しみ、尊ぶという「三善三愛」の心を培っていかなくてはなりません。

親様である神に愛され、神を愛する心の生活を送ること、つねに神を想い、神に祈り、自らの「魂」の声に耳を傾けて、明るく、朗らか、生き生きと毎日を送っていくことが、私たちにとってなによりも大切なことなのです。そして、すべての事象に感謝し、神に感謝し、「魂の親様」に感謝し、まわりの人たちに感謝して生きていくことが大事です。

私たちは動物としての肉体を持っていますから、時として本能に従って欲望のおもむくままに行動してしまったり、人を憎んだり、蔑んだり、妬んだりという悪想念を抱いてしまったりすることもあるでしょう。肉体を持つ人間である以上、それも仕方のないことではあります。そこで大切なのは、その間違いに気づいて反省すること、そしてその心の姿勢を改める努力をすることです。心の間違いに気がついたときは、神に反省の祈りを行ない、自らの「魂の親様」にも反省の祈りを捧げ、二度と同じ過ちを繰り返さないように、しっかりと心を管理していくことです。

いつ、どこにいても、なにをしていても、自分は神と共にあるのだという幸せをかみしめて、穏やかで清らかな心の生活、「神の子」として生まれたことに対して感謝する想いの生活を送ってまいりましょう。そして霊界入りしたのちは、幽界で迷うことなく速やかに天界神聖界へと昇って、超神霊として高き神々と共に大霊界のために働くことができるよう、ひたすら「神の道」を歩んでまいりましょう。

そして、天界道に入るためにも長崎、東京、いずれかの聖地に足を運んでくださればなによりです。私をはじめ日神会の職員は、いつもあなた様の御来訪をお待ちしております。

令和二年十二月

日神会神主聖師教　隈本正二郎（聖二郎）

［著者プロフィール］

隈本正二郎《くまもとしょうじろう》　法名　聖二郎《しょうじろう》

1965（昭和40）年、長崎市に生まれる。父、隈本確と同様、少年時代より数々の霊的体験をもつ。二十歳の頃より日本神霊学研究会の初代会長隈本確教祖のもとで神霊能力者の修行を重ね、神霊治療の実践と研究を行ってきた。現在は、初代教祖隈本確の跡を継ぎ、日本神霊学研究会の聖師教を務め、神霊治療と若き神霊能力者の指導・育成にあたっている。著書に『神と霊の力―神霊を活用して人生の勝者となる』『神秘力の真実―超神霊エネルギーの奇蹟』『神・真実と迷信―悪徳霊能力者にだまされるな！』『大霊界真書』『神と霊の癒―苦しみが喜びに変わる生き方』『マンガでわかる大霊界（原案／脚色）』『霊媒体質の克服―幸せを呼ぶ守護神を持て』『隈本確全著作解題〈全三巻〉（編纂／解説）』（展望社）がある。

大霊界 天界道シリーズ②

生と死と神と大霊界

二〇二一年一月一八日　初版第一刷発行

著　者――隈本正二郎
発行者――唐澤明義
発行所――株式会社展望社

郵便番号一一二―〇〇〇二
東京都文京区小石川三―一―七
　エコービル二〇二
電　話――〇三―三八一四―一九九七
FAX――〇三―三八一四―三〇六三
振　替――〇〇一八〇―三―三九六二四八
展望社ホームページ http://tembo-books.jp/

印刷・製本――株式会社東京印書館

定価はカバーに表示してあります。
落丁本・乱丁本はお取り替えいたします。

ISBN978-4-88546-391-4

新大霊界シリーズ――③

日本神霊学研究会 聖師教
隈本 正二郎
第三作

神 真実と迷信

悪徳霊能力者にだまされるな！

神（真理）の光が迷信の闇をつらぬく

水子霊・動物霊・先祖供養・霊のたたり・霊障・心霊写真・幽霊・占い・おまじない・呪い殺し・地獄極楽……

真理と迷信が、いま明らかに

●ISBN978-4-88546-320-4　●四六判並製／定価（本体 1500円＋税）

新大霊界シリーズ――④

日本神霊学研究会 聖師教
隈本 正二郎
第四作

神と霊の癒《いやし》

苦しみが喜びに変わる生き方

偉大なエネルギーを浴びて安らかに生きる知恵をあなたに。

混迷の人生、
苦悩の日々よさらば。

●ISBN978-4-88546-328-0　●四六判並製／定価（本体 1500円＋税）

マンガでわかる 大霊界

霊界の不思議と奇跡の神霊治療

永遠のベストセラー ついに漫画化！

原案脚色 **隈本正二郎**
漫画 **稲葉　稔**

主な内容（目次から）

序 章　目に見えない霊の世界は確かに存在する
一 章　神霊治療の原理と実際
二 章　死後の世界
三 章　念　凄まじきエネルギー
四 章　怖～い霊媒体質
終 章　あの世と現界は大霊界の法則で結ばれている

●ISBN978-4-88546-338-9　●A5判並製／定価（本体 900円＋税）

大霊界 神霊学用語事典

日本神霊学研究会 編

神霊とは?
魂（霊魂）とは?
超意識帯とは?

神霊学を中心に、神秘主義、スピリチュアル、宗教、思想、哲学、心理学の用語・人名をわかりやすく解説。人生に関与する神霊の存在を知るうえに、さらに神霊研究に必携の書！

本書は、神霊および神霊学に対する知識と正しい理解を目的に、神霊学にかかわる用語を収めた事典である。神霊に関する用語にかぎらず、宗教、哲学、心理学、超心理学、占い、風俗、歴史、ちまたの迷信、俗信と広範囲にわたって収録した構成となっている。神霊学の一大テーマは、人類の幸福にある。熱い人の想いが通ってこそ、解明の進む学問といえる。神霊に関する用語の知識は、この一冊で十分であろうと自負している。神霊研究の一助とされたい。

神霊という見えない存在に気づき、神霊研究について興味を抱き、関心を深めてくだされば幸いである。この一冊が、そのきっかけとなり、新たな精神世界へのスタートの礎石になればと願っている。（あとがきより抜粋）

●ISBN978-4-88546-364-8　●A５判並製／定価（本体 2315円＋税）